Wilhelm Medicus

# Illustriertes Käferbuch



MANUSCRIPTUM

Nachdruck der Originalausgabe von 1907

ISBN 3-933497-67-1


Einbandgestaltung: Rahel Kafka und Achim Schmidt

# Vorwort.

Die Käfer nehmen im öffentlichen Bewußtsein eine ganz andere Stellung ein, als die Schmetterlinge, und sind dem Volke bei weitem nicht so vertraut und ans Herz gewachsen. Wenn man sich hier darauf beschränken wollte, nur solche mit volkstümlichen Namen auszuwählen, so würde eine so kleine Zahl herauskommen, daß dem Bedürfnisse eines derartigen Werkes damit nicht genüge getan wäre. Es mußte bei dieser Gruppe weiter gegriffen werden, um so mehr, da die Zahl der Käfer eine bedeutend größere ist, als die der Schmetterlinge. Das Buch enthält mithin eine Zusammenstellung der am häufigsten bei uns vorkommenden, besonders der schädlichen Käfer, wenn auch keine anderen, als wissenschaftliche Namen dafür vorhanden sind. Namentlich sind, ähnlich wie in dem Schmetterlingsbuche, hier alle in der Waldkultur, Obstbaumzucht, Landwirtschaft und in Haushaltungen schädlichen Käfer zur Nutzanwendung für Forstleute, Landwirte, Gärtner und auch für die Hausfrauen aufgenommen.

Uebrigens fehlt es auch bei dieser Gruppe der Kerbtiere nicht ganz an volkstümlichen Bezeichnungen, wie Goldschmied, Müller, Buchdrucker, Drechsler, Gärtner, Gerber, Matrose, Schornsteinfeger, Schneider, Schuster, Totengräber, Weber, Zimmermann, eine ganze Reihe von Schmieden u. s. w., und besonders merkwürdig ist hier die Verwendung so vieler Handwerkernamen.

**Dr. W. Medicus.**

# Vorwort zur sechsten Auflage.

Die Amthorsche Verlagsbuchhandlung hat mir eine große Freude damit bereitet, daß sie mich zur Bearbeitung einer neuen Auflage meines Käferbuches veranlaßte.

Die wesentlichsten Veränderungen, welche ich an dem Büchlein vorgenommen habe, beziehen sich auf die lateinische Terminologie. Den Fortschritten der Forschung entsprechend habe ich gewisse alte Gattungen (genera) in eine Anzahl neuer geteilt, was dann auch eine Vervollständigung der deutschen Benennungen mit sich führte — und andererseits durch Aufstellung von Synonymen Ordnung in die Nomenklatur gebracht und so auch das Nachschlagen bedeutend erleichtert.

Eine Vermehrung der Arten, welche bei den früheren Auflagen sorgfältig ausgewählt worden waren, habe ich, abgesehen vom blutfarbigen Schnellkäfer, den ich als Vertreter einer althergebrachten Gattung einführen zu müssen glaubte, nicht für notwendig erachtet.

Und nun Maikäfer flieg!

Kaiserslautern, im Mai 1907.

Dr. Wilhelm Medicus.

# Inhalt.

# Verzeichnis der lateinischen Gattungsnamen.

## A.



## B.



## C.

---

## Erklärung der Abkürzungen von Autornamen.

Bon. = Bonelli
Chevr. = Chevrolat
Clairv. = Clairville
Curt. = Curtis
Dej. = Dejan
Er., Erichs. = Erichson
Esch., Eschsch. = Eschscholtz
F. = Fabricius
Geoff. = Geoffroy
Germ. = Germar
Grav. = Gravenhorst
Ill. = Illiger
Kug. = Kugelann
L. = Linné
Laich. = Laicharting
Lap. = Laporte
Latr. = Latreille
Leach. = sprich Lidsch
Lep. et Serv. = Lepeletier et Serville
Muls. = Mulsant
Oliv. = Olivier
Payk. = Paykull
Schäff. = Schäffer
Shuck. = Shuckard
Sol. = Solier
Steph. = Stephens
Thoms. = Thomson

# Käfer.

Coleoptĕra.

---

Die Käfer sind eine Unterabteilung der Klasse Insekten, auch Kerbtiere oder Kerfe genannt (Insecta). Das Hauptmerkmal dieser Klasse ist der aus ringartigen Gliedern zusammengesetzte und in drei Hauptabschnitte geteilte Körper, an dem sich drei Paar Beine und gewöhnlich auch ein bis zwei Paar Flügel befinden. Alle Insekten*) entstehen aus Eiern und machen in ihrem Wachstum mehrere Verwandlungen durch, hierbei unterscheidet man unvollkommene und vollkommene Verwandlung. Die letztere trifft bei den Käfern zu. Aus den vom Weibchen gelegten Eiern schlüpfen die lediglich durch die Luftwärme in meist kurzer Zeit ausgebrüteten Larven, welche sich auf der zweiten Stufe in die Puppe und auf der dritten in das vollkommene Insekt verwandeln. Die Larven besitzen in der Regel die nämlichen 6 Beine, wie das vollkommene Kerbtier, die Brustbeine, auch Brustfüße genannt; auf diese hat man auch wohl den Namen Engerlinge übertragen, welcher ursprünglich nur für die Larve des Maikäfers gebraucht wurde. Seltener sind die Larven beinlos, wie bei den Rüsselkäfern. Die vom Raube anderer Insekten oder von Blättern lebenden Larven haben auf jeder Seite des Kopfes 3—6 Augen, die in Mist oder Holz lebenden sind blind. Man kennt übrigens die Larven der Käfer erst zu einem kleinen

---

*) Eine ausführlichere Beschreibung der allgemeinen Merkmale der Klasse Insekten findet man in Dr. Medicus Illustr. Schmetterlingsbuch (Leipzig, Amthor'sche Verlagsbuchhandlung) Mk. 2.40.

Bruchteil. Die Dauer des Larvenzustandes ist sehr verschieden, bei manchen ist sie kurz, bei anderen lang (bis zu mehreren Jahren). Die Larven machen mehrere Häutungen durch, was das Wachstum darstellt, wie überhaupt nur auf dieser Stufe ein Wachstum erfolgt, denn das ausgebildete Insekt wächst nicht. Die Larve verwandelt sich schließlich in die Puppe, die alle Glieder des zukünftigen Käfers bereits erkennen läßt. Sie ist unbeweglich und liegt entweder frei in oder auf der Erde oder ist an irgend einem Gegenstand hängend befestigt. Teilweise sind die Puppen auch noch in ein besonderes Gehäuse eingesponnen. Die Dauer des Puppenzustandes ist im Verhältnis zum Larvenzustand kurz und schwankt zwischen einigen Tagen bis einigen Monaten.

Der ausgebildete Käfer hat am Kopfe seitwärts 2 große Augen, welche wie die der Schmetterlinge aus zahllosen kleineren Augen facettenartig zusammengesetzt sind und zusammengesetzte oder facettierte Augen genannt werden. Ganz kleine einfache sog. Nebenaugen kommen bloß bei einer deutschen Gattung, dem Tummelkäfer, vor. Außerdem trägt der Kopf zwei gewöhnlich 11- auch 10- und 9- (selten 6- oder 12-) gliedrige Fühlhörner oder Fühler; ihre Gestalt ist sehr verschieden. **Fadenförmig** heißen die Fühler, wenn sie ganz dünn und vom Grunde bis zur Spitze gleich dick sind; **borstenförmig**, wenn sie vom Grunde zur Spitze sich allmählich verschmälern; **gesägt**, wenn die einzelnen Glieder ungefähr von der Form eines Sägezahns und dreieckig sind; **kammförmig** oder **gekämmt**, wenn die Glieder nach einer Seite hin in lange Fortsätze, etwa wie Zähne eines Kammes, auslaufen; **schnurförmig**, wenn sie aus rundlichen Gliedern bestehen, die ähnlich einer Perlenschnur aneinander gereiht erscheinen; **geschuppt**, wenn sie in kegelförmigen Gliedern ineinander gesteckt sind (wie bei den Abb. 133—136); **fächerförmig** oder **geblättert**, wenn auf kurzen Gliedern fächerartige breite Enden (Blätter) sich befinden, wie beispielsweise beim Maikäfer; keulenförmig, wenn die Glieder nach der Spitze zu dicker werden und abgerundet sind, wie in der Familie Keulenträger. Ihrer Richtung nach sind die Fühler in der Regel gerade, seltener, wie bei den meisten Rüsselkäfern, geknickt oder gebrochen, d. h. in der Mitte fast rechtwinkelig gebogen; dabei heißt man den Teil unter dem Winkel den Schaft, den Teil über demselben den Faden oder die Geißel. Die Fühler sind wichtig zur Bestimmung der Familien, Gattungen und Arten sowie auch zur Erkennung des Geschlechtes. Die Platte zwischen den Fühlern heißt der Kopfschild.

Die Mundteile oder Freßwerkzeuge bestehen aus den beiden Oberkiefern, meist einwärts gebogen, sich gegenseitig berührend oder übereinander greifend; Unterkiefern oder Kinnladen sowie den Lippen mit ihren Tastern (Freßspitzen, Palpen). Ober- und Unterkiefer werden auch Freßzangen genannt. Die Anordnung der Mundteile ist bei allen Käfern die gleiche, doch ist Form und Substanz sehr verschieden. Die Brust ist der dreiteilige (Vorder-, Mittel- und Hinterbrust) Teil zwischen Kopf und Hinterleib, an ihr sind die Beine und Flügel befestigt.

Die Vorderbrust trägt den oben hornartigen Halsschild, welcher hinter dem Kopfschilde liegt; sie ist für sich frei beweglich.

Unten trägt die Vorderbrust die vorderen, die Mittelbrust die mittlern und die Hinterbrust die hintern Beine. Die Beine dienen meist nur zum Laufen (Laufbeine), seltener zum Schwimmen, (Schwimmbeine), oder zum Springen (Springbeine). Jedes Bein besteht aus Hüfte, Schenkel, Schienbein oder Schiene, und Fuß oder Tarse. Der Fuß kann 5, 4 oder 3 Glieder haben, und hiebei die Vorder- und mittlern Beine mehr, als die Hinterbeine. Das letzte heißt Klauenglied, da an ihm fast beständig 2 hornige Haken, Klauen, befestigt sind. Danach werden die Käfer eingeteilt in Fünfgliedrige, bei denen alle Füße 5 Glieder haben, Ungleichgliedrige oder Wechselgliedrige, bei welchen die Vorder- und Mittelfüße 5, die Hinterfüße 4 Glieder haben, Viergliedrige und Dreigliedrige.

Die Mittelbrust trägt oben die Flügeldecken oder Deckflügel, welche immer hornig sind und nicht zum Fliegen, sondern bloß zur schützenden Decke der eigentlichen oder Hinterflügel und des Hinterleibes dienen; die Hinterflügel sind häutig, länger und breiter als die Deckflügel, in der Ruhe umgeschlagen und zusammengefaltet, und nur beim Fliegen ausgebreitet, sie sind an der Hinterbrust befestigt. Bei vielen Lauf-, Rüsselkäfern u. a. sind die Flügel entweder stark verkümmert und zum Fliegen unbrauchbar, oder sie fehlen ganz, solche Käfer heißen ungeflügelt. Den Rand, wo beide Decken aneinander stoßen, nennt man den Nahtrand und beide Ränder zusammen die Naht.

Die Nahrung der Käfer und ihrer Larven besteht entweder aus tierischen Stoffen, Fleischfresser, oder aus pflänzlichen, Pflanzenfresser. An die Fleischfresser reihen sich an die Aas- und Mistfresser; die Pflanzenfresser teilen wir hier in Allerleifresser, Holzfresser und Blattfresser. Die Fleischfresser sind nützlich durch Vertilgung von schädlichen ihresgleichen, die Aas- und Mistfresser ebenso durch Wegräumung faulender und übelriechender Stoffe, aber auch schädlich an aufbewahrten Stoffen, Pelzwerk und Naturalien, die Pflanzenfresser am schädlichsten, doch sind auch unter ihnen viele für den Menschen gleichgiltige.

Die Zahl der europäischen Käfer beträgt rund 15 000 Arten, von denen in Deutschland etwa die Hälfte vorkommen; die Gesamtzahl der auf der ganzen Welt existierenden Käfer schätzt man auf rund 100 000 Arten.

In vorliegendem Buch sind nur die häufiger bei uns vorkommenden beschrieben, die also leicht gesammelt werden können. Ferner (ähnlich wie im Schmetterlingsbuch) auch alle für die Waldkultur, die Obstbaumzucht, die Landwirtschaft und in den Haushaltungen schädlichen Käfer.

# Anleitung
## zum Fang und Töten der Käfer.

Fang und Töten der Käfer sind viel einfacher und leichter, als bei den Schmetterlingen. Das sackartige Netz (Streifsack oder Schöpfer) wird bloß für gewisse Gattungen, als Blattfresser, Wasserkäfer u. a., namentlich kleinere, angewandt. Man fährt mit demselben langsam durch Gras und Gebüsch oder über die Wasserflächen hin und schöpft so die Käfer in den Sack. Außerdem ist anzuempfehlen ein Fangschirm oder Klopfschirm, wozu man einfach einen älteren Regenschirm benützen kann. Man hält den aufgespannten Schirm verkehrt unter die Zweige von Bäumen oder Sträuchern oder auch unter höhere Kräuter und klopft an die Pflanzen oder schüttelt sie, so daß die Käfer in den Schirm fallen, dann sucht man diejenigen aus, die man behalten will, und steckt sie in das mitzuführende Sammelglas, welches nicht zu klein sein sollte. Käfer sind zwar das ganze Jahr hindurch zu finden, die weitaus ergiebigste Ausbeute bietet aber Frühjahr und Sommer.

Die Abtötung der Käfer kann durch Spiritus, Benzin oder Cyankali geschehen. Im ersteren Falle fülle man das Sammelglas zur Hälfte mit Spiritus oder man tue einige mit Benzin betropfte Papierschnitzel hinein. Cyankali, bekanntlich auch ein für Menschen gefährliches Gift, muß natürlich mit großer Vorsicht behandelt und sollte nur von Erwachsenen benützt werden. Man wickelt ein Stückchen in Löschpapier und stopft etwas zusammengeknülltes Löschpapier darauf, damit es festgehalten wird. Das Löschpapier muß von Zeit zu Zeit, wenn es feucht geworden ist, erneuert werden. In allen Fällen muß natürlich das Sammelglas durch einen guten Pfropfen fest verschließbar sein. Die darin sich entwickelnden Dünste betäuben und töten die Käfer schnell, am schnellsten geschieht dies bei Anwendung des Cyankalis. Will man ein übriges tun, benützt man mehrere Gläser von verschiedener Größe für kleinere und größere, weichere und härtere Käfer. Um sicher getötet zu sein, müssen die Insekten einige Stunden in dem Sammelglas bleiben, doch darf man anderenteils, wenigstens die lebhaft gefärbten Arten auch nicht zu lange im Spiritus liegen lassen, weil die Farben darunter leiden. Außer auf Blumen, Gras, Bäumen und Sträuchern findet man Käfer auch unter Steinen, Moos, altem Laub, hinter Baumrinden, auf Aas, Dünger 2c.

## Herrichtung der Käfer.

Die Ausbeute eines Sammeltages lasse man bis zum anderen Morgen im Sammelglas und schütte sie dann (aus dem Spiritusglas muß natürlich der Spiritus zuvor abgegossen werden) auf Löschpapier, damit sie abtrocknen und etwas erhärten. Die Käfer aus dem Cyankaliumglas muß man mehrere Tage liegen lassen. Dann gehe man ans Herrichten für den Sammelkasten.

Ein Ausspannen der Beine ist selten erforderlich, und für gewöhnlch nicht ratsam, da sie nach dem Trocknen leicht abbrechen. Vielmehr wende man sein Hauptaugenmerk darauf, daß man den Käfer in senkrechter Richtung durch die rechte Flügeldecke an die Nadel anspießt, möglichst so, daß diese unten zwischen dem zweiten und dritten Fußpaar herauskommt; dann gebe man den zwei Fühlern eine gleichmäßige Stellung. Nur bei stark behaarten Käfern macht man eine Ausnahme und steckt sie gleich an, weil man hier die Haare noch naß mit Pinselchen glatt streichen soll, denn sobald man sie ganz trocken werden läßt, kleben sie in Büscheln zusammen. Ganz kleine Käfer kann man nicht unmittelbar an Nadeln aufstecken; diese klebt man mit etwas Gummi auf ein kleines dreieckig zugeschnittenes Stückchen steifes Papier, und zwar möglichst frei an die Spitze, während man alsdann eine Nadel durch den breiteren Teil des Papieres steckt. Die so angespießten Käfer lasse man noch einige Tage luftig stehen, damit sie gut trocknen und hart werden, bevor sie in den Sammelkasten eingereiht werden.

Will man einen Käfer noch einmal aufweichen, um ihn besser anzustecken, ihm eine ander Nadel zu geben oder ihn in eine andere Stellung zu bringen, so wendet man dasselbe Mittel an, wie bei den Schmetterlingen, man steckt ihn eine Nacht über in feuchten Sand.

Um die Käfer einer Sammlung, die ebenso wie die Schmetterlinge, von tierischen (Milben und ähnl.) sowie pflanzlichen (Schimmel) Feinden bedroht sind, zu schützen, empfiehlt es sich hier in möglichst luft- und staubdichten Kästen und an ganz trocknem Ort aufznbewahren. Auch revidiere man öfters recht genau, um Stücke, an denen sich solche Schädlinge zeigen, oder die ölig geworden sind, zu entfernen. Die Sammelkästen kann man bei einigem Geschick sich ganz gut und nicht teuer selbst herstellen, andernfalls kann man sie in verschiedenen Preislagen fertig kaufen.

# Fleischfresser (Fünfgliedrige).

Carnivŏra (Pentamĕra).

## I. Familie. **Laufkäferartige Raubkäfer.**

Sie haben je 2 Taster an den Unterkiefern, faden-, seltener borstenförmige Fühler, vor den Augen eingelenkt; lange Beine, zum schnellen Laufen geschickt, die Vorderfüße der Männchen meist breiter oder „erweitert“; den Körper ganz bedeckende, nur selten hinten etwas abgestutzte Flügeldecken. Sie laufen sehr rasch und sind sehr nützlich, da sie fast ohne Ausnahme andere Insekten als Nahrung rauben. Ihre Larven leben im Miste oder in der Erde, haben ebenfalls große Beine und sind auch sehr räuberisch.

### a. **Laufkäfer im engern Sinne.**

Der Kopf ist meist schmäler als der Halsschild; bei manchen fehlen die Hinterflügel. Sie leben unter Steinen, Baumrinden und in Erdlöchern, und sind meist nachts tätig. Wegen ihres großen Nutzens sollte man sie nie zwecklos töten. Die meisten überwintern an den genannten Stellen. Manche, namentlich die größeren, spritzen eine unangenehm riechende Flüssigkeit aus dem After. Sie sind sehr zahlreich.

---

### I. Gattung. **Laufkäfer,** Carăbus L.

Ungeflügelt, d. h. ohne Hinterflügel; Vorderfüße der Männchen stark erweitert; Körper stark.

Man kennt weit über 100, worunter die größten und nützlichsten Arten. Der Saft, welchen sie von sich spritzen, ist manchmal ätzend.

(1.) 1. **Der Goldschmied, die Goldhenne, der Goldlaufkäfer, Goldkäfer, Gärtner, Feuerstehler, Feuerstähler,** Carăbus aurātus. (Abb. 1.)

Ist über $2\,^1/_2$ cm lang, und die Flügeldecken, welche gewölbt sind, haben eine goldgrüne, an den drei erhabenen Riefen abgewetzte und an den Rändern gelbe Farbe. Der Unterleib ist schwarz, die Freßwerkzeuge schwarzbraun mit rötlichen Tastern; die Beine und untersten Fühlerglieder ebenfalls rot. Er kann begreiflich nicht fliegen und lebt daher immer auf der Erde, in Gärten, auf Feldern, Wiesen und in Wäldern und nährt sich von anderen Käfern, Raupen, Regenwürmern. Das Weibchen legt seine Eier in hohle Bäume oder Ameisenhaufen. Der Name Feuerstehler (Feuerstähler) bezieht sich auf den feurigen Glanz seiner Farbe, Gärtner heißt er wohl von seiner nützlichen, insektenfeindlichen Tätigkeit in Gärten.

(2.) 2. **Der gekörnte Laufkäfer, kleine Körnerwarze,** Car. granulātus. (Abb. 2.)

Kleiner, oben bräunlich kupferrot, unten schwarz; Flügeldecken mit drei erhabenen Linien, welche mit drei Reihen länglicher Körner abwechseln; Fühler ganz schwarz.

(3.) 3. **Der gegitterte Laufkäfer, große Körnerwarze,** C. cancellātus. (Abb. 3.)

Ebenso, aber so groß wie der Goldschmied, und die Fühler am Grunde rot.

(4.) 4. **Der glatte Laufkäfer,** C. glabrātus. (Abb. 4.)

Flügeldecken glatt, eigentlich doch sehr fein gekörnelt, größer noch als der Goldschmied; gewölbt, schwarz, Flügel mit bläulichem Rande.

(5.) 5. **Der Hainlaufkäfer,** Carăbus nemorālis. (Abb. 5.)

Von der Größe des Goldschmieds, schwarz, Flügeldecken bräunlich, erzfarben, ins bläuliche ziehend, verworren gerunzelt, jede mit 3 Reihen vertiefter Punkte.

(6.) 6. **Der gewölbte Laufkäfer,** Carab. convexus. (Abb. 6.)

Gewölbt und kurz, eiförmig, kleiner als alle vorausgehenden; schwarz mit bläulichem Rande, Flügeldecken fein gestreift und punktiert.

(7.) 7. **Der kettenstreifige Laufkäfer,** C. catenulātus. (Abb. 7.)

Schwarz, oben bläulich überlaufen, Flügeldecken mit erhabenen Längsstreifen, welche durch Punkte kettenförmig unterbrochen werden. Von der Größe des Goldschmieds.

---

II. Gattung. **Lederlaufkäfer,** Procrustes Bon.

Ebenfalls ungeflügelt, aber Flügeldecken rauh und mit einander verwachsen.

(8.) 1. **Der lederartige Laufkäfer, Prokrustes,** Pr. coriacĕus. (Abb. 8.)

Ganz schwarz, Flügeldecken runzelig und punktiert, lederähnlich. Unser größter, in Wäldern lebender Laufkäfer.

---

III. Gattung. **Schönkäfer,** Calosōma Web.

Geflügelt, Flügeldecken länglich viereckig oder quadratisch. Sie steigen auf Bäume, um Larven, Raupen und Puppen zu fressen.

(9.) 1. **Der Puppenräuber, Bandit, Moschuskäfer,** C. sycophanta. (Abb. 9.)

Breit und von der Größe des Goldschmieds, ja darüber; dunkel veilchenblau, Flügeldecken goldgrün, mit 3 Reihen eingedrückter Punkte. Hat einen starken, moschusähnlichen Geruch. Die Larve lebt in den Nestern der Prozessionsraupen, von denen sie täglich einige vertilgt. Feind vom Schwammspinner (Ocneria dispar), die Larve auch von der Nonne und Kiefernblattwespe (Lophўrus pini).

---

IV. Gattung. **Bombardierkäfer,** Brachinus Web.

Vorderschienen am innern Rande stark ausgeschnitten; Flügeldecken hinten breit abgestutzt. In Gefahr, und besonders wenn man sie anspießt, bombardieren sie, d. h. sie lassen aus dem After, oft mehrmals hinter einander, mit einem Puffe einen ätzenden Dunst fahren, welcher einen durchdringenden Geruch verbreitet.

(10.) 1. **Der puffende oder große Bombardierkäfer,** Br. crepĭtans. (Abb. 10.)

Dunkel ziegelrot, Flügeldecken schwarzblau bis schwarz, seltener grünlich, Hinterleib schwärzlich; 8—9 mm groß.

---

V. Gattung. **Dammkäfer,** Nebrĭa Latr.

Flach gedrückt, mit kurzem, herzförmigen Halsschilde. Sie leben an Ufern unter Steinen und kommen nur des nachts hervor.

(11.) 1. **Der kurzhalsige Dammkäfer,** N. brevicollis. (Abb. 11.)

Schwarz, Beine und Fühler pechbraun, Flügeldecken stark punktiert-gestreift; über 1 cm lang.

---

VI. Gattung. **Schnelllaufkäfer,** Harpălus Latr.

Fußglieder, nicht bloß der Vorder-, sondern auch der Mittelfüße bei den Männchen „erweitert"; Halsschild vorn breit, hinten schmäler. Sie laufen schnell, wie es früher als allgemeines Merkmal angegeben.

(12.) 1. **Der erzfarbige oder gemeine Schnelllaufkäfer,** Harpălus aĕnĕus. (Abb. 12.)

Einer der gemeinsten Käfer, grünlich, bläulich, seltener rötlich oder schwarz, metallisch glänzend, Fühler und auch meist Beine ziegelrot; Flügeldecken gestreift; über 1 cm groß.

(13.) 2. **Der rothörnige Schnellaufkäfer,** H. s. Ophōnus ruficornis. (Abb. 13.)

Schwarz, Fühler und Beine rot, Flügeldecken sehr fein falb behaart; über 1½ cm lang. Ebenso gemein.

---

VII. Gattung. **Raschkäfer, Strand- oder Uferkäfer,** Elăphrus F.

Auf den Flügeldecken runde Grübchen, Augen groß. Leben am Strande von Gewässern.

(14.) 1. **Der Uferraschkäfer,** El. riparius.

Oben kupferbraun ins grünliche, Flügeldecken mit 4 Reihen runder, kupferroter Gruben, jede mit einem Höckerchen in der Mitte, unten mehr rötlich; Schienen rostrot; nur 7 mm lang.

(15). 2. **Der kupferige Raschkäfer,** El. cuprĕus. (Abb. 14.)

Ein wenig größer, rein kupferbraun, die Grübchen der Flügeldecken violett, Schienen rostgelb.

---

VIII. Gattung. **Flinkkäfer,** Bembidium Latr.

Kopf schmäler als der Halsschild, vorletztes Glied der Taster groß und dreieckig, letztes sehr klein. Sie halten sich auch an Ufern oder unter Steinen auf.

(16.) 1. **Der Felsflinkkäfer,** Bembidium rupestre.

Schwarzgrün mit etwas Metallschimmer, Beine und Grund der Fühler gelbrot; Flügeldecken schwärzlichbraun, jede mit 2 kleinen, gelblich roten Flecken. Nur 5½ mm groß.

(17.) 2. **Der Sumpfflinkkäfer,** B. paludōsum.

Von der Größe des vorigen, erzfarbig mit kupferrotem Schimmer, Beine und Fühler metallisch grün; Flügeldecken punktiert-gestreift, im dritten Zwischenraume mit 2 kleinen silbergrauen Eindrücken.

(18.) 3. **Der schnelle Flinkkäfer,** B. celĕre s. Leja celer.

Noch einen guten Millimeter kleiner; glänzend erzfarbig, Beine und Fühlergrund wie beim ersten.

---

IX. Gattung. **Fingerkäfer,** Clivīna Latr.

Die Vorderschienen haben fingerförmige Zähnchen zum Graben. Sie schließen sich in ihrer Lebensart an die später folgenden Sandkäfer an, indem sie Löcher graben und sich darin verstecken.

(19.) **Der grabende Fingerkäfer,** Cl. fossor. (Abb. 15.)

Schlank, pechbraun, Fühler und Beine rot; am Außenrande der Vorderschienen 2 Zähne. Nicht so lang wie der vorige.

---

X. Gattung. **Kreuzkäfer,** Panagaeus Latr.

(20.) 1. **Der große Kreuzkäfer,** P. crux major. (Abb. 16.)

Flügeldecken mennigrot mit schwarzem Kreuze, sonst schwarz; Halsschild breiter als lang, fast kreisrund; Augen vorquellend. 8 mm lang. Selten, aber ein leicht zu kennender, zierlicher Laufkäfer.

---

### XI. Gattung. **Getreidelaufkäfer,** Zabrus Clairv.

#### (21.) **Der buckelige Getreidelaufkäfer,** Z. gibbus. (Abb. 16.)

Halsschild viel breiter als lang, wodurch ein etwas buckeliges Aussehen entsteht; pechschwarz mit schwachem Metallschimmer, unten etwas heller, Flügeldecken stark punktiert=gestreift, 16 mm lang. Obwohl er, wie seine Verwandten, auch Insekten frißt, so erklettert er doch, namentlich des nachts, die Halme von Roggen, Gerste und Weizen, um die jungen, weichen Körner herauszufressen. Besonders aber seine schwarzköpfige, gelblich weiße, vorn mit schwarzbraunen, hinten mit mehr roten Hornplatten bedeckte Larve, welche sich bei Tage unter der Erde aufhält, kommt im Herbste abends hervor und liebt es, die Blätter und das Herz der jungen Getreidepflanzen auszufressen. Im Frühling wiederholt sich dasselbe, bis die Larve sich anfangs Juni verpuppt. Als Gegenmittel wird angeraten, die Käfer zu sammeln und zu töten, und wenn man stellenweise die Saat umzupflügen genötigt war, eine Kulturpflanze zu wählen, an welche dieser Laufkäfer nicht geht.

### b. **Sandlaufkäfer.**

Der Kopf dicker als der Halsschild, letzterer herzförmig; Augen vorgequollen; durch die prächtigsten metallischen Farben geziert, besonders unten. Sie fliegen stoßweise und sind am Tage tätig.

---

### XII. Gattung. **Sandkäfer,** Cicindēla L.

Kopf mit flach eingedrückter Stirn. Die Arten laufen ebenfalls schnell und sind nützliche Käfer, deren Larven sich tiefe Löcher in die Erde wühlen, ebenfalls räuberisch sind und selbst ihresgleichen nicht verschonen. Die Käfer geben durch den Mund einen braunen Saft von sich.

(22.) **1. Der Feldsandkäfer, grüne Sandkäfer,** Cicindēla campestris. (Abb. 18.)

Grün, jede Flügeldecke mit 5 weißen Randpunkten. Auf sandigen Aeckern und Feldern. Die Larve gräbt Trichter im Sande, um Insekten zu fangen. 13 $^1/_2$ mm lang.

(23.) **2. Der purpurrote Sandkäfer,** C. hybrĭda. (Abb. 19.)

Oben fällt er ins rote. Flügeldecken mit 3 krummen, weißen Querbändern oder verflossenen Tupfen; ebenso groß. An trocknen, sandigen Orten und Flußufern.

(24.) **3. Der deutsche Sandkäfer,** C. germanĭca. (Abb. 20.)

Ein drittel kleiner, in der Färbung mit grün, violett oder schwärzlich wechselnd, Flügeldecken mit 1—2 weißen Flecken und einem solchen Mondfleck am Hinterrande. Wenn man den Käfer fangen will, sucht er nicht, wie die anderen Arten, durch Fliegen, sondern durch schnelles Laufen zu entkommen.

---

## II. Familie. **Schwimmkäfer.**

Haben Schwimmbeine oder Schwimmfüße, indem diese, vorzüglich die Füße der Hinterbeine, breitgedrückt und am Rande lang bewimpert sind; die Fühler bestehen aus gleichen Gliedern und sind vor den Augen eingelenkt; der Leib ist flach und elliptisch mit scharfem Rande, woran sie gut zu kennen sind. Sie leben, nebst ihren Larven, fast nur in stehendem Wasser, welches sie nachts verlassen und umherfliegen; sie schwimmen gut und nähren sich von anderen Wassertieren. Die größeren sind in Fischteichen schädlich, weil sie auch Laich und kleine Fische fressen und den großen Löcher ins Fleisch beißen.

---

I. Gattung. **Wasserkäfer, Schwimmkäfer, Fadenschwimmkäfer,** Dytiscus L.

Fühler borstenförmig. Vorderfüße beim Männchen in einen rundlichen, unten mit Saugnäpfchen versehenen Schild erweitert.

(25.) 1. **Gelbrand, der gesäumte Wasserkäfer,** D. marginālis. (Abb. 21.)

Die gemeinste Art und ein sehr großer Käfer, bis zu 4 cm, doch auch kleiner; oben schwarzgrün, Halsschild rundum, Flügeldecken außen gelb gesäumt, unten gelb.

(26.) 2. **Der breiteste Wasserkäfer,** D. latissimus. (Abb. 22.)

Noch größer, 4 cm, dem vorigen ähnlich, noch dunkler; Flügeldecken mit einer breiten, scharfen Kante. Lebt meistens tief am Grunde.

(27.) 3. **Der halbierte Wasserkäfer,** D. dimidiātus. (Abb. 23.)

Der Namen bezieht sich darauf, daß beim Weibchen die Flügeldecken bis zur Hälfte gestreift sind. In der Größe steht er zwischen den zwei vorigen, gleicht ganz dem gesäumten, das Halsschild ist aber nur an den Seiten gelb gerandet.

---

II. Gattung. **Großschwimmkäfer,** Cybister Curt.

Fühler und Vorderfüße wie vorige. Körper verkehrt eiförmig, breit; letzter Bauchring nicht ausgerandet. Hinterfüße mit einer unbeweglichen Klaue.

(28.) 1. **Röſels Großschwimmkäfer,** Cybister Rœselii. (Abb. 24.)

So groß wie der halbierte Wasserkäfer, nach dem Ende zu breiter, oben glänzend olivengrün, unten gelblich braun, von der letztern Farbe auch Mund, Fühler, Beine, sowie der Seitenrand des Halsschildes und der Flügeldecken.

---

III. Gattung. **Pfützen-Schwimmkäfer,** Hydatĭcus Leach.

Körper flach gewölbt. Hinterfüße mit 2 ungleichen Klauen.

(29.) 1. **Der quergestreifte Pfützenschwimmkäfer,** H. transversālis. (Abb. 25.)

Flügeldecken, außer dem gelben Rande, mit einem gelblichen Querstreifen hinter der Wurzel, sonst schwarz, Halsschild am Vorderrande und den Seitenrändern rostrot. 13 1/2 mm lang.

---

IV. Gattung. **Buckelschwimmkäfer,** Ilybĭus Er.

Körper oben stark gewölbt. Hinterfüße wie bei voriger.

(30.) 1. **Der schwarze Buckelschwimmkäfer,** Ilybius ater. (Abb. 26.)

Schwarz mit Metallschimmer, untere Seite, Fühler und Vorderbeine rotbraun, Flügeldecken mit 2 hellen Fleckchen. Etwas größer als der vorige.

---

V. Gattung. **Schlammschwimmkäfer,** Notĕrus Clairv.

Körper länglich eiförmig, oben hochgewölbt, Hinterfüße mit gleichen Klauen. Fühler in der Mitte etwas verdickt.

(31.) **Der dickhörnige Schlammschwimmkäfer,** Notĕrus crassicornis. (Abb. 27.)

Fühler dick, das Schildchen fehlt, rostgelb; Flügeldecken bräunlich. Kaum 4 1/2 mm.

VI. Gattung. **Weichschwimmkäfer,** Hydropŏrus Clairv.

Körper eiförmig oder länglich eiförmig, aber mehr oder weniger gewölbt. Hinterfüße wie bei voriger. Fühler dünn, fadenförmig.

(32.) 1. **Der ungleiche oder zweilinige Weichschwimmkäfer,** Hydropŏrus inaequālis. (Abb. 28.)

Noch kleiner, 3 1/2 mm, Grundfarbe rostgelb bis rostrot, Vorder- und Hinterrand des Halsschildes, Vorderrand und Naht der Flügeldecken und 2 Längsbinden auf denselben schwarz. Der erste Namen bezieht sich auf die besonders ungleiche Färbung der einzelnen Teile und Stücke.

---

VII. Gattung. **Sumpfkäfer,** Hyphȳdrus Jll.

Kleine Schwimmkäfer mit stark gewölbter Unterseite.

(33.) 1. **Der eirunde Sumpfkäfer,** H. ovātus. (Abb. 29.)

Eirund, hochgewölbt, rostfarbig, Flügeldecken bis auf den Außenrand braun. Lebt in sumpfigen Gewässern. 5 1/2 mm lang.

---

VIII. Gattung. **Tummelkäfer, Taumelkäfer, Drehkäfer,** Gyrīnus Geoff.

Kleine längliche Schwimmkäfer, welche 4 Augen haben, 2 nach oben und 2 nach unten. Fühler kurz und keulenförmig. Sie schwimmen scharenweise mit unglaublicher Geschwindigkeit in drehender Bewegung auf der Oberfläche stehender Gewässer, wie glänzende Punkte. Wenn man sie anrührt, geben sie einen übelriechenden, milchigen Saft von sich.

(34.) 1. **Der gemeine Tummelkäfer,** G. natātor. (Abb. 30.)

Glänzend schwärzlich blau, der umgeschlagene

Rand des Halsschildes und der Flügeldecken rostrot, Beine rostgelb.

---

### III. Familie. **Kolbenwasserkäfer.**

Sie haben keulenförmige Fühler mit einem durchblätterten Kolben, die Hinterbeine sind wieder Schwimmbeine, die Taster meist länger als die Fühler, der Körper eirund. Sie leben in stehenden Gewässern und zeigen den sogen. Pudelschwumm, d. h. bewegen beim Schwimmen die Beine abwechselnd, während die vorigen, mit welchen sie Nahrung und Lebensweise teilen, rudern.

---

I. Gattung. **Schwimmer,** Hydrophĭlus Geoff.

(35.) **1. Der pechschwarze Schwimmer,** H. picĕus.

Einfarbig pechschwarz, nur die Fühler rostrot. Der größte Wasserkäfer, manchmal bis zu 5 Zentimeter, und für die Fischereien schädlich.

---

### IV. Familie. **Kurzflügler.**

Die Flügeldecken sind so kurz, daß sie kaum bis an die Hälfte des Hinterleibes reichen; die Fühler bestehen aus gleichen Gliedern. Körper lang und schmal. Manche gehören streng genommen zu den Wechselgliedrigen, Vier- oder Dreigliedrigen. Viele laufen schnell und werden durch Vertilgung schädlicher Insekten nützlich; andere nähren sich von verwesenden Stoffen des Pflanzen- und Tierreichs, als faulen Pilzen, Mist und Aas.

---

I. Gattung. **(Wahrer) Raubkäfer,** Staphylīnus L.

Sie haben große Kiefer oder Freßzangen, wovon die vierte Art ihren Namen führt, lange, sägeförmige Fühler und einen behaarten Leib.

(36.) **1. Der filzige Raubkäfer,** Staphylīnus pubescens.

Nebelgrau, d. h. mit grau und braun gemischtem Filze bedeckt. Beine schwarz und vor der Spitze der Schenkel mit gelbem Ringe.

(37.) **2. Der nebelgraue Raubkäfer,** St. s. Leistotrŏphus nebulōsus. (Abb. 32.)

Ebenso, übrigens schwarz, nur Taster und Beine gelbrot, letztere jedoch an der Wurzel schwarz. 13—17 mm lang.

(38.) **3. Der mausgraue Raubkäfer,** St. s. Leistotrŏphus murīnus.

Ebenso, aber etwas kleiner, Taster wie Beine schwarz.

(39.) **4. Der großzangige Raubkäfer,** St. s. Creophĭlus maxillōsus. (Abb. 31.)

Die Oberkiefer sind sehr lang, dünn und spitzig; Farbe schwarz, Flügeldecken und Hinterleib mit aschgrauer, wieder schwarz punktierter Binde. Größer als die drei vorigen, nämlich 18 mm lang. In Misthaufen und an toten Tieren.

---

II. Gattung. **Schwarzraubkäfer, Schwarzkurzflügler,** Ocy̆pus Kirby.

Fühler viel kürzer und schlanker. Hüften der Mittelbeine aneinanderstehend.

(40.) **1. Der große Schwarzkurzflügler,** Ocy̆pus olens. (Abb. 33.)

Der größte Europäer, bis zu 2 ½ cm lang, aber nicht häufig. Einfarbig matt schwarz, nur die Fühler mit rostbrauner Spitze. Auf gedüngten Feldern, bei toten Tieren u. s. w. Er ist sehr keck und greift auch größere Tierchen an.

---

III. Gattung. **Der Pilzraubkäfer, Stumpfkäfer,** Oxypŏrus F.

Die Arten leben in Pilzen und haben einen sehr breiten, stumpfen Kopf.

(41.) **Der rote Pilzraubkäfer,** O. rufus. (Abb. 34.)

Noch kleiner als der mausgraue Raubkäfer. Die Färbung wechselt zwischen Rot und Schwarz; rot sind Halsschild, Hinterleib und Beine, doch hat der Hinterleib eine schwarze Spitze und die Beine einen schwarzen Grund; alles andere ist schwarz, die Flügeldecken mit einem gelbroten Schulterfleck; mit gewaltigen, übereinandergreifenden Freßzangen. Häufig in Löcherpilzen.

---

IV. Gattung. **Kotraubkäfer,** Tachīnus Grav.

Haben einen sehr kleinen, im Halsschilde steckenden Kopf. Leben in Kuh- und Roßkot und im Kehricht. Beide Arten etwas kleiner als der vorige.

(42.) **Der rotfüßige Kotraubkäfer,** T. rufīpes. (Abb. 35.)

Beine und Fühlergrund rot, sonst schwarzbraun; Körper gewölbt.

(43.) **2. Der gelbfüßige Kotraubkäfer,** T. flavīpes.

Verdient seinen Namen nicht, denn die Beine sind hellrotbraun, ebenso die Flügeldecken, sonst ist er auch schwarzbraun, jedoch weniger gewölbt.

---

V. Gattung. **Tachypore, Fischchen-Kurzflügler,** Tachypŏrus Grav.

Flügeldecken länger als die Brust, Körper nach hinten zugespitzt. Sie leben in Pilzen, faulenden Pflanzen und im Kehricht.

(44.) 1. **Der blattkäferartige Tachypore oder Fischchenkurzflügler,** Tachypōrus chrysomelīnus. (Abb. 36.)

Körper glatt, schwarz, Halsschild, Flügeldecken, Beine und Fühlergrund ziegelrot, die Decken um das Schildchen schwarz. Noch kleiner als die 2 Kotraubkäfer. Die Färbung erinnert an gewisse Blattkäfer, z. B. den rotfüßigen.

---

VI. Gattung. **Dornraubkäfer, Schnellkäfer, Eilkäfer,** Oyxtēlus Grav.

Die Vorderschienbeine haben außen eine Reihe Dörnchen. Gehört zu den Gattungen, die sich durch ihren schnellen Lauf auszeichnen.

(45.) 1. **Der runzelige Dornraubkäfer,** Ox. rugōsus. (Abb. 37.)

Etwa so groß als der vorige. Runzelig punktiert, Halsschild mit 3 Längsfurchen; schwarz mit rotbraunen Beinen. Er findet sich teils im Tiermiste, teils an Gewässern, unter Steinen u. s. w.

---

VII. Gattung. **Straßenraubkäfer oder -kurzflügler,** Platysthētus Manh.

Halsschild mit 1 Längsfurche, Schildchen groß, dreieckig. Fühler gekniet.

(46.) 1. **Der kneifende Straßenkurzflügler,** Platysthētus morsĭtans. (Abb. 38.)

Einer der kleinsten Raubkäfer, nicht viel über 2 mm groß; glänzend schwarz, Mund, Schienen und Füße rötlich gelb. Findet sich sehr häufig im Tiermiste, gemeinschaftlich mit dem vorigen.

---

VIII. Gattung. **Uferraubkäfer, Traubenkäfer, Eilkäfer,** Paedērus Grav.

Die Flügeldecken sind meist blau wie Trauben.

Sie halten sich sehr häufig an den Ufern der Gewässer in Büschen auf und laufen eilig.

(47.) 1. **Der Ufertraubenkäfer,** Paedĕrus riparius. (Abb. 39.)

Flügeldecken blau, Halsschild, die 4 ersten Hinterleibsringe und Beine rot, jedoch die Schenkelspitzen schwarz. Fühler an der Wurzel gelbrot, sonst wie alles Uebrige schwarz. Etwas größer als die Kotraubkäfer.

(48.) 2. **Der rothalsige Traubenkäfer,** P. ruficollis. (Abb. 40.)

Noch etwas größer. Halsschild rot, Flügeldecken blau, sonst etwas dunkler, Fühler und Beine schwarz.

---

IX. Gattung. **Omalie oder Omal,** Omalĭum Grav.

Flügeldecken $^2/_3$ so lang als der Hinterleib. Sie haben, einzig unter allen Käfern, auf dem Scheitel 2 Nebenaugen. Die Arten leben auf Blüten, im Grase, in Pilzen und in Borkenkäfergängen, deren Larven sie zerstören.

(49.) 1. **Die Bachomalie,** Om. rivulāre. (Abb. 41.)

Glänzend schwarz, Flügeldecken schwarzbraun bis bräunlichgelb, Beine und Fühlerwurzel gelbrot. Nur $4\,^1/_2$ mm lang. Der Name ist schlecht gewählt.

---

X. Gattung. **Großaugenkäfer,** Stenus Latr.

Fühler fein, die 3 Endglieder keulenförmig verdickt; Augen hervorstehend. Sie leben am Ufer von Bächen und Sümpfen, auch unter abgefallenem Laube.

(50.) 1. **Der zweitupfige Großaugenkäfer,** St. biguttātus. (Abb. 42.)

Schwarz mit einem rötlichen Tupfen auf jeder

Flügeldecke. Etwas größer als der vorige. An sandigen Ufern.

---

## V. Familie. **Weichkäfer.**

Körper ganz oder teilweise weich oder biegsam, Kopf zurückgezogen, Fühler meist faden- oder borstenförmig. Die erste Gattung lebt noch vom Raube, bei der zweiten und dritten tun es die Larven, die übrigen in Holz oder auf Pflanzen. Bei der Berührung stellen sie sich meistens tot.

---

### I. Gattung. **Buntkäfer,** Clerus Geoff. Cleroides Schäff.

Halsschild stark verengt.

(51.) **1. Der ameisenartige Buntkäfer,** Cl. formicarius. (Abb. 43.)

Rot und schwarz, mit 2 weißen Querbinden auf den Flügeldecken, Beine braun; 5 mm groß. Man trifft diese Käfer häufig an Holzschlägen, fast ausschließlich in Nadelwäldern, und in Borkenkäfergängen, wo sie als Käfer und schon als Larven durch Vertilgung von Insekten sehr nützlich werden. Sie sehen aus wie große Ameisen und laufen auch ebenso schnell.

---

### II. Gattung. **Immenkäfer, Bienenkäfer,** Trichōdes Herbst. Clerus F.

Kopf von der Breite des Halsschildes, welches breiter ist als die Flügeldecken; Leib flach und haarig. Die Käfer auf Blumen, die Larven fleischfressend.

(52.) **1. Der Bienenwolf, Immenwolf,** Tr. apiarius. (Abb. 44.)

Lebhaft blau, Flügeldecken rot mit 2—3 blauen Querbinden, langhaarig; bis dreimal so groß als der vorige, 12—15 mm. Die Larven finden sich vorzugsweise auf dem Boden unreinlich gehaltener, schwacher Stöcke und verbergen sich in Spalten, daher manche Bienenzüchter ihre Schädlichkeit bezweifeln; wenn sie sich aber einmal eingenistet haben, so verzehren sie Larven, Puppen und herabgeworfene halbtote Drohnen. Sie stiften aber auch Nutzen, indem sie den Larven der Holzwespen in ihren Gängen nachstellen.

---

### III. Gattung. **Leuchtkäfer,** Lampÿris L.

Die Weibchen haben bloß Flügelstummel oder gar keine Flügel, daher der Name Wurm für diese Käfer. Es sind nächtliche Tiere mit einem hellgelben Fleck am Hinterleibe, der im Dunkeln phosphorisch leuchtet.

#### (53.) **1. Der Johanniswurm, Feuerwurm, das Johanniswürmchen, Glühwürmchen,** L. splendidŭla.

Graubraun mit 2 durchsichtigen Mondflecken am Halsschild. Die Männchen fliegen im Hochsommer, um Johanni, wie leuchtende Funken in der Dunkelheit umher, die Weibchen liegen im Grase. Den Weibchen sehen die Larven ähnlich, welche ebenfalls, wenn auch schwächer, leuchten; diese leben von Schnecken, welche sie in Menge aufzehren.

---

### IV. Gattung. **Afterleuchtkäfer, eigentlicher Weichkäfer, Warzenkäfer, Bader,** Thelephŏrus Schäff. s. Canthăris L.

Flügeldecken weich und lang, der Leib lang und walzenförmig, mit Falten und Warzen an den Seiten. Sie haben eine entfernte Aehnlichkeit mit den vorigen, leuchten aber nicht; leben auf Bäumen und Kräutern, ernähren sich aber von andern Insekten und werden dadurch nützlich, ebenso ihre Larven. Die letztern leben gewöhnlich unter der Erde, manchmal erscheinen sie aber, wahrscheinlich durch heftige Stürme oder andre Witterungsverhältnisse gestört, Frühlings auf dem letzten Schnee, von welchem sie durch ihre dunkle Farbe abstechen, und werden dann „Schneewürmer" genannt. Die Käfer kneifen gern, bis aufs Blut, und werden daher von Kindern auch Bader genannt und mit dem Verschen auf die Hand gesetzt:

Bader, Bader,
Laß mir Ader!

(54.) 1. **Der dunkle Afterleuchtkäfer, gemeine Weichkäfer,** Thelephŏrus fuscus.

Schwarz, fein grau behaart, Halsschild und Hinterleib am Ende rot. 14 mm bis 1 ½ cm lang.

(55.) 2. **Der ländliche Afterleuchtkäfer, Weichkäfer,** Thelephorus rustĭcus.

Ebenso, aber der Halsschild in der Mitte schwarz, und die Schenkel braunrot mit schwarzer Spitze.

---

V. Gattung. **Warzenkäfer,** Malachĭus.

Treibt in Gefahr aus den Seiten des Leibes je 2 rote Bläschen hervor, und die Stellen, woraus die Blasen kommen, sind mit roten Flecken bezeichnet. Den Namen Warzenkäfer teilt diese mit der vorigen Gattung, womit sie ursprünglich vereinigt war. Lauter kleine Käfer.

(56.) 1. **Der zweiblasige Warzenkäfer,** M. bipustulātus. (Abb. 45.)

Rauh, metallisch grün, Außenrand des Halsschildes und Spitze der Flügeldecken und der Kopf vorn gelbrot; 9 mm groß.

(57.) 2. **Der erzfarbige Warzenkäfer,** M. aënĕus. (Abb. 46.)

Ebenso, aber etwas kleiner, die Flügeldecken ganz rot.

---

VI. Gattung. **Binden-Warzenkäfer,** Anthocŏmus Er.

Die mittleren Bauchringe in der Mitte häutig

unterbrochen. Flügeldecken etwas breiter als der Halsschild, beim Weibchen an der Spitze eingedrückt.

(58.) 1. **Der rotbindige Warzenkäfer,** Anthocŏmus fasciātus.

Nur halb so groß wie der vorige, auf den schwarzen Flügeldecken eine unterbrochene Mittelbinde und die Endspitze rot, übrigens schwarz, Kopf- und Halsschild grün und dabei glatt.

---

VII. Gattung. **Schildkrotkäfer, Halshornkäfer,** Notoxus Geoff.

Sieht sehr auffallend aus durch ein Hörnchen, in welches sich der Halsschild verlängert. Der Name Schildkrotkäfer bezieht sich auf die Farbe der einzigen Art:

(59.) 1. **Der einhornige Schildkrotkäfer, Einhornkäfer,** N. monocĕros. (Abb. 47.)

Fahlgelb und seidenhaarig, mit einer schwarzen Querbinde und 2 solchen Tupfen auf jeder Flügeldecke, auch Kopf und Horn schwarz. Ein kleines Käferchen, welches man nicht besonders häufig, aber das ganze Jahr auf Gras, Doldengewächsen und auf Sandboden antrifft.

---

VIII. Gattung. **Himbeerenkäfer,** Dasȳtes Payk.

Rauhhaarig (griech. dasys); Fühler so lang als der Halsschild.

(60.) 1. **Der eigentliche Himbeerenkäfer, Himbeerenwurm,** D. niger.

Schmal, glänzend schwarz; Halsschild etwas gewölbt, Fühler stumpf gesägt; unter und über 4 mm groß. Die weiße Larve mit einer dunkeln Linie und gelben Tupfen auf dem Rücken ist der Himbeerwurm, welcher einem den Appetit an diesem Obste verdirbt.

# Fleischfresser. Dreigliedrige.

Carnivŏra. Trimĕra.

## I. Familie. **Kugelkäfer.**

Der Leib ist halbkugelig, oben gewölbt, unten flach; Fühler kurz, keulenförmig; der Kopf kann in den Halsschild zurückgezogen werden. Sie leben auf Pflanzen und kommen auch oft in die Zimmer, nähren sich aber, wie ihre Larven, von Blattläusen und werden dadurch nützlich. Wenn man sie angreift, sondern sie an den Seiten des Körpers einen nach Opium riechenden Saft aus, der hie und da als Mittel gegen Zahnweh benützt wird.

---

### I. Gattung. **Marienkäfer, Blattlauskäfer, Sonnenkäfer, Sonnenkälblein, Herrgottsküchlein, Gottesschäflein, Marienwürmchen,** franz. vache à Dieu, engl. lady bird.

Coccinella L.

Flügeldecken gefleckt.

(61.) **1. Der siebenpunktige Marienkäfer, Siebenpunkt, Johanniskäfer, Sonnenkäferchen, Herrgottskäferchen, Herrgottstierchen u. s. w.**

C. septempunctāta.

Die bekannteste Art. Flügeldecken rot mit 7, selten 9 schwarzen Punkten; Leib schwarz. Die Larve verpuppt sich gern an Kartoffelkraut, und die schwarz und gelb gefleckte Puppe wurde schon mehr als einmal für die Larve des gefürchteten Coloradokäfers gehalten, ist aber natürlich fußlos und unbeweglich.

(62.) **2. Der zweipunktige Marienkäfer.**

C. bipunctāta.

Rot mit 2 schwarzen Punkten, aber auch anders gezeichnet; es gibt 20 Abarten bezüglich der Zeichnung und Färbung.

(63.) **3. Der fünfpunktige Marienkäfer.** Coccinella quinquepunctāta. (Abb. 48.)

Rot mit 5 schwarzen Punkten.

---

II. Gattung. **Schilfmarienkäfer.** Hippodamĭa Chevrol.

Die 3 letzten Fühlerglieder bilden eine zusammengedrückte Keule. Klauen in der Mitte zahnförmig gespalten.

(64.) **1. Der dreizehnpunktige Schilfmarienkäfer.** Hippodamia tredecimpunctāta.

Rötlich mit 13 schwarzen Punkten, Halsschild mit gelbem Rande, worin jederzeit ein schwarzer Punkt.

---

III. Gattung. **Feinpunktmarienkäfer.** Epilachna Chevrol.

Oberseite behaart, Flügeldecken punktiert, Oberkiefer in 3—4 spitzige Zähne gespalten.

(65.) **1. Der kugelige Marienkäfer,** Epilachna globōsa s. vigintiquatuorpunctāta.

Beinah kreisförmig, oben rostrot, Halsschild und Flügeldecken meist mit schwarzen Punkten in sehr veränderlicher Größe und Stellung. Die einzige schädliche Art, welche ewigen und Esperklee frißt; ebenso die blasse, mit Reihen von verzweigten Dornen versehene Larve.

---

IV. Gattung. **Kleinmarienkäfer.** Scymnus Kug.

Oberseite und Flügeldecken wie vorhin, Oberkiefer an der Spitze gabelförmig gespalten.

(66.) **1. Der gelbstirnige Kleinmarienkäfer.** Scymnus frontālis.

Beim Männchen Kopf und Vorderteil des Halsschildes rötlich gelb, übrigens schwarz, jede Flügeldecke mit einem oder zwei roten Flecken.

# Aas- und Mistfresser. (Fünfgliedrige.)

Necrophăga. (Pentamĕra.)

## I. Familie. **Keulenträger.**

Fühler keulenförmig mit durchblättertem, meist gerundetem Knopfe. Sie leben, wenigstens im unvollkommenen Zustande, von Aas, Mist und andern tierischen Stoffen, zum Teil auch von Insekten und werden hiedurch einesteils nützlich, anderenteils aber auch Häuten, Pelzwaren und Naturaliensammlungen sehr gefährlich. Einzelne Arten, wie vor allem der Repskäfer, schaden ausnahmsweise auch an Pflanzen.

### I. Gattung. **Aaskäfer.** Silpha L.

Fühler allmählich keulenförmig zulaufend, Halsschild breit. Die Arten leben in Aas, töten aber auch Raupen und sondern einen stinkigen Saft ab.

(67.) **1. Der dunkle Aaskäfer.** Silpha obscūra. (Abb. 49.)

Matt schwarz, Flügeldecken mit 3 erhabenen Längslinien; 13½ mm groß. Man findet ihn auf Feldern und im Schutt.

(68.) **2. Der schwarze oder schwarzglänzende Aaskäfer.** S. atrāta. (Abb. 50.)

Wie der vorige, nur etwas kleiner und Halsschild halbkreisrund. Merkwürdigerweise frißt die schwarze, mit 12 nach hinten kleiner werdenden Schildern bedeckte Larve auch die Blätter der Runkelrüben und vernichtet manchmal die jungen Pflänzchen vollständig. Wahrscheinlich tut sie das nur bei massenhaftem Auftreten, wo ihnen die tierische Nahrung ausgeht. Ein sicheres Gegenmittel ist nicht bekannt.

(69.) **3. Der runzelige Aaskäfer,** Silpha rugōsa. (Abb. 51.)

Ebenso, noch etwas kleiner und die Zwischenräume der Längslinien nach der Quere gerunzelt, Halsschild höckerig.

(70.) **4. Der rotbrüstige Aaskäfer.** S. thoracīca. (Abb 52.)

Der größte, mit rotem Halsschilde. In Wäldern.

---

II. Gattung. **Totengräber.** Necrophŏrus F.

Fühler mit dicker, rundlicher Keule, Flügeldecken kurz und abgestutzt. Die Arten entwickeln einen starken Moschus- oder unangenehmen Geruch. Sie leben in Mist und Leichnamen von Mäusen, Maulwürfen, Fröschen u. dgl., welche sie auch, indem mehrere darunter kriechen, mit großer Geschicklichkeit begraben, zu dem Zwecke, daß die aus den hineingelegten Eiern kriechenden Larven die nämliche Nahrung finden.

(71.) **1. Der gemeine Totengräber,** N. vespillo. (Abb. 53.)

Schwarz, Fühlerkeule und 2 winklige Querbinden auf den Flügeln gelbrot; 14—18 mm lang.

(72.) **2. Der schwarze Totengräber,** N. humātor. (Abb. 54.)

Umgekehrt mit braunroter Fühlerkeule, sonst ganz schwarz. Anderthalbmal so groß.

---

III. Gattung. **Fugenkäfer, Nutkäfer, Pillenkäfer,** Cistēla Geoff. (Byrrhus L.).

Die Arten können die Füße in Fugen oder

Ruten am Leibe legen, ebenso schlägt sich der Kopf in eine Höhle an der Brust und die Fühlhörner zwischen den Hals und die Vorderschenkel, so daß in dieser Stellung der fast kugelrunde Käfer wirklich wie eine Pille aussieht. All das tun sie, wenn man sie berührt, und stellen sich tot. Ausnahmsweise leben die Arten dieser Gattung, wenigstens im vollkommenen Zustande, nur von Pflanzenstoffen, Moos und dürrem, zerkrümelten Laube.

(73.) 1. **Der gemeine Pillenkäfer,** Cistēla pilŭla. (Abb. 55.)

Schwarz, oben mit braunem Filze, auf jeder Flügeldecke mit 4 sammtschwarzen, durch Gelb unterbrochenen, zottigen Längsstreifen. Der Filz ist leicht abzuwischen, und sieht der Käfer dann ganz schwarz aus. Bis zu 9 mm lang, also etwa so lang wie eine Erbse. Man findet ihn unter Steinen und trockenem Laube.

(74.) 2. **Der bunte Pillenkäfer,** Cistēla varia s. Cytĭlus varius s. sericĕus. (Abb. 56.)

Schwarz, oben metallgrün, Flügeldecken schwarz und grün gewürfelt; etwa halb so groß. An Ufern und in sandigen Gegenden.

---

IV. Gattung. **Knollenkäfer, Blütenkäfer,** Anthrēnus Geoff.

Sie haben ebenfalls Fugen am Leib, nicht bloß für die Beine, sondern auch für die Fühler, welche am Ende knollig verdickt sind. Die Larven leben in Pelzwerk und getrocknetem Fleische und werden daher für Naturalien-, besonders Insektensammlungen sehr schädlich. Die Käfer selbst leben auf Blumen.

(75.) 1. **Der Kabinettkäfer,** A. musеōrum. (Abb. 57.)

Am gefürchtetsten für naturhistorische Kabinette oder Museen, nämlich als behaarte und mit einem haarigen Schwanze versehene Larve. Das Käferchen ist nur 2 mm groß, dunkelbraun, dicht voll grauer Schuppen, ähnlich den Staubschuppen der Schmetterlinge, welche auf den Flügeldecken 3 Querstreifen bilden, mit rötlich braunen Binden dazwischen; lebt auf verschiedenen Blumen. Wenn man die Larve beunruhigt, so sträubt sie ihre Haarbüschel. Wegen ihrer anfänglichen Kleinheit ist sie einesteils nicht leicht zu entdecken, anderntells wird es ihr möglich, in die feinsten Fugen und Ritzen einzudringen, so daß es einem öfters wirklich rätselhaft erscheint, wie sie in die Insektenkästen gelangen kann. Mäßige Hitze, welche den Tieren einer Sammlung noch nicht schädlich sein darf, tötet sie; auch wendet man Karbolsäure, Benzin u. dgl. gegen sie an.

(76.) **2. Der Braunwurzknollenkäfer,** Anthrēnus scrophulariae. (Abb. 58.)

Etwas größer, schwarz, auch mit 3 weißschuppigen Querbinden auf den Flügeldecken, letztere mit roter Nat und Spitze. Die Larve ist ebenfalls für Insektensammlungen und Pelzwerk schädlich; den Käfer findet man auf Apfel- und Birnblüten u. s. w.

---

V. Gattung. **Speckkäfer, Hautfresser,** Dermestes L.

Die Fühler mit dicker Keule; Körper gewölbt, fast walzenförmig. Sie ziehen bei der Berührung ebenfalls die Beine an, aber ohne Fugen zu haben. Sie leben in tierischen Stoffen, wie Speck, getrockneten Häuten und Insektensammlungen.

(77.) **1. Der gemeine Speckkäfer,** D. lardarius. (Abb. 59.)

Schwarz, die Vorderhälfte der Flügeldecken hellgrau mit 3 schwarzen Punkten. Besonders die Larve richtet an Speck, Pelzwerk und Naturaliensammlungen großen Schaden an, am lästigsten fällt sie aber als Hautfresser den Lohgerbern in den ungegerbten Häuten. Diese braunhaarige Larve hat hinten einen nach oben gerichteten Haarbüschel und häutet sich mehrmals, so daß ihre Anwesenheit durch die abgestreiften Bälge verraten wird. Das beste Mittel, den Speckkäfer von naturhistorischen Gegenständen abzuhalten, ist Behandlung der Bälge u. s. w. mit Arsenikseife, dann Quecksilbersalbe und Spiköl; bei Speck u. dgl. festes Verpacken in trocknes Heu, starkes Reiben der angegriffenen Stellen mit Salz u. dgl.

---

VI. Gattung. **Pelzkäfer,** Attagēnus Latr. Megatŏma Herbst.

Die Fühler mit länglicher Keule; Beine ebenfalls einziehbar.

(78.) **1. Der gemeine Pelzkäfer,** Att. s. Megatoma pellio. (Abb. 60.)

Schwarz, auf jeder Flügeldecke ein weißer Punkt in der Mitte, auch in den Ecken des Halsschildes 3 kleinere. 7 mm lang. Führt eine ähnliche Lebensweise wie der vorige, doch sitzt er auch auf Blumen. Am schädlichsten wird er für Pelzwaren durch seine Larve mit braunborstigem, goldglänzenden Körper und gelbbraunem Haarbesen am Schwanze, welcher noch die abgestreiften Bälge kenntlich macht. Um die Käfer vom Eierlegen abzuhalten, muß man die gefährdeten Gegenstände in leinene Säckchen einbinden, überhaupt möglichst absperren, von Zeit zu Zeit an die Luft hängen, hernach ausklopfen und bürsten. Das Ausklopfen der Pelze vertilgt auch bereits vorhandene Larven. In Naturaliensammlungen wendet man dieselben Mittel an wie gegen den Speck- und Kabinettkäfer.

---

VII. Gattung. **Aasglanzkäfer.** Nitidŭla F.

Kopf zurückgezogen, Fühler kurz. Die Arten eben teils in Aas, teils auf Blumen, wo sie schädich werden.

(79.) 1. **Der zweifleckige Aasglanzkäfer.** Nitidūla bipustulāta. (Abb. 61.)

Schwarz oder braun mit zwei roten Fleckchen in der Mitte der Flügeldecken, auf jeder eines, auch der Seitenrand des Halsschilds und die Beine rot. 4 1/2 mm groß. Diese Art hält sich in Aas auf.

---

VIII. Gattung. **Rapsglanzkäfer.** Meligēthes Kirby.

Schienen der Vorderbeine am Außenrande gezähnelt, Flügeldecken den letzten Hinterleibsring freilassend.

(80.) 1. **Der Reps- oder Rapsglanzkäfer, eigentliche Glanzkäfer, Repskäfer.** Meligethes aënĕus s. brassĭcae. (Abb. 62.)

Hie und da fälschlich Erdfloh genannt, noch kleiner, fast viereckig, glänzend metallisch grün, seltner blau, mit rötlichen Beinen. Er zerfrißt in Scharen von Millionen an Reps, Rübsen, Kohl u. s. w. die Staubfäden und bohrt sich bei rauher Witterung ins Innere noch geschlossener Blüten, deren Aufblühen er dann hindert. Auch die Nahrung der Larven besteht in den Blütenteilen dieser Pflanzen und besonders auch in der Hülle der jungen Schoten. Der Mensch steht dem schädlichen Kerf beinah ratlos gegenüber; man empfiehlt wiederholtes Abschöpfen der Käfer, was aber auf unüberwindliche Schwierigkeiten stoßen kann, sodann Drillsaat, wobei die Stöcke kräftiger werden und rascher verblühen.

---

IX. Gattung. **Saftkäfer, Rindennager.** Ips F. Pityophăgus Shuck.

Länglich oval, Flügeldecken etwas abgestutzt, sodaß die Hinterleibsspitze frei erscheint.

(81.) **1. Der Birkensaftkäfer, viertüpfelige Saftkäfer.** Ips quadripustulāta.

Schwarz, auf jeder Flügeldecke mit 2, im ganzen mit 4 roten Tüpfeln; 5—6 mm lang. Man findet ihn teils unter der Borke abgestorbener Eichen, teils außen an Baumstämmen und an Birkensaft. Kaum schädlich.

---

X. Gattung. **Stutzkäfer, Gaukler,** Hister L.

Der erstere Name bezieht sich auf die abgestutzten Flügeldecken, welche eigentümlich punktiert oder gestreift sind; Oberkiefer vorstehend. Sie stellen sich tot, wenn man sie fangen will, was wohl der Name Gaukler sagen soll. Mit dieser Gattung beginnen die im Miste lebenden.

(82.) **1. Der vierfleckige Stutzkäfer,** H. quadrinotātus.

Glänzend schwarz, mit 4 roten Flecken auf den Flügeldecken, von denen öfters 2 zusammenfließen; 8 mm lang. Lebt im Miste.

---

XI. Gattung. **Plattstutzkäfer,** Platysōma Leach.

Vorderschienen auf der Innenseite mit einer gebogenen Furche zum Einlegen der Füße, Hinterschienen gezähnt. Körper flach und gestreckt.

(83.) **1. Der flachgedrückte Stutzkäfer**, Platysoma depressum.

Nur halb so groß, sehr flach, länglich viereckig, einfarbig glänzend schwarz. Man findet ihn unter Baumrinden, vorzüglich an gefällten Eichen.

---

XII. Gattung. **Kugelkäfer,** Sphaeridĭum F.

Hat viel Aehnlichkeit mit einem Stutzkäfer und ist länglich kugelig.

(84.) **Der gemeine Kugelkäfer,** Sphaeridium scarabaeoides. (Abb. 63.)

Ein kleiner Käfer, schwarz, jede Flügeldecke vorn mit blutrotem, an der Spitze mit gelbem Fleck; Beine gelb und braungefleckt. Im Kuh- und Pferdemist.

---

## II. Familie. **Blätterträger, Blatthörnige Käfer.**

Die letzten Glieder der vielgliedrigen Fühler, welche den Knopf bilden, sind nur an der Außenseite verbunden und können daher fächerähnlich in 3—7 Blätter ausgebreitet werden. Sie leben teils im Miste und faulenden Tier- oder Pflanzenstoffen, (Gattung I—III) teils auf Blumen und Blättern, welche sie fressen, und wodurch sie schädlich wirken, als blinde Larven ebenfalls in Mist und faulendem Holze, aber auch unter der Erde von Pflanzenwurzeln (Gattung IV—XVI).

---

### I. Gattung. **Mistkäfer, Roßkäfer,** Geotrūpes Latr.

Die langen Beine haben starke Dornen an den Schienbeinen; Körper eiförmig und gedrungen. Die Arten bohren durch Mist und Kot hindurch Löcher in den Boden, um die Eier darin abzusetzen.

(85.) **1. Der gemeine oder blaue Mistkäfer, Roßkäfer,** Geotrupes stercortarius.

Einer der verbreitetsten Käfer. Glänzend stahlblau, grün oder schwarz, 23 mm groß. Ist oft unten ganz mit Käfermilben besetzt. Wenn sie abends häufig umherschwärmen, so prophezeit man heiteres Wetter für den folgenden Tag.

(86.) **Der dreizackige Mistkäfer,** G. Typhōeus. (Abb. 64.)

Schwarz, das Männchen auf dem Halsschilde mit 3 nach vorn gerichteten Zacken oder Hörnern, das Weibchen bloß mit 2 spitzen Höckern zu den Seiten einer Querleiste; um $1/4$ kleiner. Er hält sich auf Schafweiden auf.

(87.) **3. Der Frühlingskäfer, Frühlingsmistkäfer,** G. vernālis. (Abb. 65.)

Aehnlich wie der gemeine, auch violett und rötlich glänzend, noch etwas kleiner. Außer im Hasen- und Kaninchenkot auch in faulenden Pflanzen, besonders in Wäldern. Hat einen Moschusgeruch, zeigt sich mehr im Frühjahr als im Herbste und wird nicht selten von den Dorndrehern angespießt.

---

II. Gattung **Dungkäfer, Kotkäfer,** Aphodius Ill.

Körper länglich.

(88.) **1. Der gemeine Dungkäfer,** Aphodius fimetarius. (Abb. 66.)

Gewölbt, Flügeldecken, vordere Ecken des Halsschildes und Hinterleib rot, sonst schwarz; Kopfschild mit 3 Höckerchen. 8 mm groß.

(89.) **2. Der grabende Dungkäfer,** Aph. fossor. (Abb. 67.)

Beinah doppelt so groß, Gestalt und Kopfschild ebenso, aber einfarbig glänzend schwarz.

---

III. Gattung. **Hornkäfer, Dungkäfer,** Copris Geoff.

(90.) **1. Der Mondhornkäfer,** C. lunāris.

2 cm groß, glänzend schwarz, Männchen auf dem Halsschilde mit einem spitzen, Weibchen mit einem ausgerandeten Horn, und mit 3 großen Höckern auf dem Kopfschilde. Er lebt im frischen Kuhdünger auf sandigem Boden, in welchen er eine Kotkugel tief vergräbt.

---

IV. Gattung. **Maikäfer, Laubkäfer, Monatskäfer,** Melolontha F.

Der letzte Ring des Hinterleibs ist spitz und gebogen. Die Keule oder der Knopf an den Fühlern der Weibchen ist kleiner, wodurch man sie leicht von den Männchen unterscheidet, beim Männchen 7-, beim Weibchen 6 blättrig.

(91.) **1. Der Maikäfer, gemeine Laubkäfer,** franz. hanneton, engl. cock-chafer, M. vulgāris.

Jedem Kinde bekannt und durch seine Größe auffallend. Flügeldecken braun, mit dreieckigen weißen Flecken an den Hinterleibsringen. Der Halsschild ist bald schwarz, bald braunrot, wonach man in der Kindersprache Mohren oder Könige, und Türken oder Kapuziner unterscheidet. Seine Verwandlung dauert in den meisten Teilen Deutschlands 4, am Rheine aber, wohl wegen des milden Klimas, nur 3 Jahre. Das Weibchen gräbt sich eine Spanne tief in die Erde und legt viele hellgelbe Eier, so groß wie Hirsenkerne. Aus diesen kommen nach 4—6 Wochen eine Zeit lang sehr kleine Larven, Engerlinge, welche eine gelblichweiße Farbe haben, von den Landleuten Kartoffelwürmer, Grundbeerwürmer genannt. Sie wohnen 3 oder 2 Jahre unter der Erde und gehen an Kartoffeln, die Wurzeln von Rüben, Hanf, Flachs, Getreide, Gras u. s. w., sogar von Obstbäumen. Im Spätsommer des dritten oder zweiten Jahres verwandelt sich der Engerling in die Puppe, welche noch weich und blaß ist, und die man der Aehnlichkeit wegen für einen schlafenden Käfer halten kann. Gewöhnlich kommen dann die Käfer im Mai des vierten oder dritten Jahres aus der Erde, allein sie sind bereits vor Eintritt des Winters fix und fertig, weshalb jedes Jahr einzelne vom Spätjahr an, manchmal mitten im Winter zum Vorschein kommen. Die Käfer bringen abermals großen Schaden an Pflaumen und Kirschbäumen, weniger an Aepfeln, ferner an Eichen, Ahorn, Reps u. s. w.

Glücklicherweise ist es eine stattliche Reihe von Tieren, worunter auch unsere Hühner und Enten, welche den Maikäfern und zum Teil, wie der Maulwurf, auch den Engerlingen nachstellen. Daher empfiehlt man Hegung ihrer natürlichen Feinde, vor allem des Maulwurfs, welches letztere in Gärten und auf Aeckern, die mit großen Pflanzen bewachsen sind, wohl angeht, weniger jedoch bei feinen Reihensaaten und am wenigsten auf Wiesen. Ferner muß man die Käfer sammeln und zwar des Morgens, wenn sie von der Nachtkühle erstarrt sind, um sie zu zertreten, zerquetschen oder mit heißem Wasser abzubrühen, letzteres behufs nachheriger Verwendung zu Kompost. Uebergießen mit kaltem Wasser oder Jauche, sowie Eingraben in den Boden helfen wenig, da sie ein sehr zähes Leben haben. Die Engerlinge muß man hinter dem Pfluge her auflesen und ebenfalls zertreten.

(92.) 2. **Der Schornsteinfeger, Kastanienlaubkäfer, Kastanienmaikäfer,** Melolontha hippocastäni.

Dem gemeinen Maikäfer sehr ähnlich, aber an Halsschild, Beinen und Rand der Flügeldecken schwarz wie ein Kaminkehrer, und kleiner. Er fliegt gleichzeitig mit jenem und ist fast ebenso schädlich, namentlich an Pappeln, Eichen und Roßkastanien.

---

V. Gattung. **Dünenkäfer,** Polyphylla Harris.

Keule beim Weibchen 5blättrig; Klauen stark, an der Wurzel mit einem Haken bewaffnet.

(93.) 1. **Der Dünenkäfer, Walker, Müller, Gerber, Tannen-, Donnerkäfer, Tiger, Weinkäfer,** Polyphylla fullo.

Noch ansehnlich größer und der stattlichste von den deutschen Maikäfern. Braun mit vielen weißen Flecken, wie mit Mehl besprengt, so daß von den aus mehrfachen Gewerben entlehnten Benennungen Müller die richtigste ist. Der Name Walker stammt von Plinius her. Er kommt nur in einzelnen Gegenden, vorzüglich sandigen Ebenen, vor, wo er besonders durch Abfressen der Nadeln an den Fichten, aber auch an Laubhölzern Schaden tut.

VI. Gattung. **Laubkäfer,** Phyllopertha Kirby.

Beine ziemlich schwach, Körper etwas flach gedrückt.

(94.) **1. Der Gartenlaubkäfer, kleine Rosenkäfer,** Phyll. horticŏla. (Abb. 68.)

Grün, grau behaart, Flügeldecken rötlich braun; 9 mm groß und sehr gemein. Die Käfer tun Schaden an Rosensträuchern, Weiden u. a. Bäumen, wo sie gern die Blüten verzehren; die Larven an den Wurzeln von Gartengewächsen. Gegen die Käfer wendet man Abschütteln von den Blättern und Klopfen in einen Fangschirm an, wozu ein Regen- oder Sonnenschirm dienen kann.

VII. Gattung. **Buschkäfer,** Anomăla Köppe.

Hinterbeine kräftig, Körper gewölbt.

(95.) **1. Der Juliusbuschkäfer, Weidenblattkäfer,** An. julii s. aënĕa.

Ebenfalls grün mit etwas Metallglanz, Flügeldecken entweder gleichfarbig oder häufiger gelb; unten erzfarbig. Er lebt vorzüglich auf Weiden, dann Erlen und Wein; um $^1/_3$ größer.

VIII. Gattung. **Graskäfer,** Anisoplĭa Lap.

Sämtliche Beine sehr kräftig; Körper kurz, etwas flach gedrückt.

(96.) **1. Der Getreidelaubkäfer,** An. fruticŏla.

Langbehaart, erzgrün, Flügeldecken des Männchens rostrot, beim Weibchen mehr gelb. Wieder etwas kleiner. Sie sitzen oft in großer Menge bald nach der Blütezeit an den Kornähren und befressen die weichen Körner.

IX. Gattung. **Brachkäfer,** Rhizotrŏgus Latr.

Klauen an der Wurzel mit einem kleinen Zahn; Fühler mit dreiblättriger Keule.

(97.) **1. Der Junikäfer, Sonnenwendkäfer, Johanniskäfer,** Rh. solstitiălis. (Abb. 69.)

Langbehaart, blaß gelbbraun, Halsschild und Bauch schwärzlich. Er erscheint sehr häufig im Juni und schadet auf Feldern und Wiesen, an Blättern und Blumen, besonders, wenn ihm schon Maikaiferscharen vorausgegangen sind. Fast doppelt so groß als der Gartenlaubkäfer.

---

X. Gattung. **Goldkäfer,** Cetonĭa F.

Die Seitenstücke der Mittelbrust vor den Flügeldecken stark hervorragend; Leib flach und breit.

(98.) **1. Der gemeine Goldkäfer, (große) Rosenkäfer,** C. aurāta.

Prächtig goldgrün mit weißen Querstrichen auf den Flügeldecken. Ein bekannter Käfer in Gärten, besonders auf Rosen.

---

XI. Gattung. **Pinselkäfer, Schirmblumenkäfer,** Trichĭus F.

Die Unterkiefer enden in ein Pinselchen, womit sie Honigsaft lecken. Die Arten leben besonders auf Schirmpflanzen.

(99.) **1. Der gebänderte Pinselkäfer,** Tr. fasciātus. (Abb. 70.)

Schwarz, gelbbehaart, Flügeldecken auch schwarz mit 2 gelben Bändern; 13 $^1/_2$ mm lang. Er hält sich im Gebirge auf verschiedenerlei Blüten von Brombeeren u. a. auf.

---

XII. Gattung. **Edelkäfer,** Gnorimus Lep. et Serv.

Vorderschienen mit 2 Zähnen; Oberseite unbehaart, höchstens mit einigen weißen Schuppenflecken.

(100.) **Der Edelmann,** Gnorimus nobilis. (Abb. 71.)

Sieht aus wie ein etwas kleiner Goldkäfer, unten kupferrot und liebt besonders die Schirmblumen.

---

XIII. Gattung. **Baumkäfer,** Osmoderma Lep. et Serv.

Vorderschienen mit 3 Zähnen. Oberseite ganz kahl.

(101.) **Der Eremit, Lederkäfer,** Osmoderma eremita. (Abb. 72.)

Ist der größte Europäer dieser Sippe, beinah doppelt so groß wie der vorige, von schwarzbrauner Lederfarbe. Er sitzt kolonienweise in hohlen Weiden, Apfelbäumen und Eichen. Auch der Name Eremit bezieht sich auf die Farbe.

---

XIV. Gattung. **Hornkäfer, Scharrkäfer, Lohkäfer,** Oryctes Ill.

Der Halsschild mit einem hornförmigen Fortsatze versehen. Hierher gehören die größten Käfer.

(102.) **1. Das europäische Nashorn, der Nashornkäfer,** Oryctes nasicornis.

Dunkelbraun, das Horn beim Männchen lang, beim Weibchen aber ganz kurz. Bis über 3 cm groß. Die Käfer und ihre Larven leben in faulenden Eichenstämmen und in Gerberlohe, so daß sie in Lohbeeten Schaden tun.

(103.) **2. Der Herkules,** Oryctes s. Dynastes Hercules.

Der größte aller Käfer, über 11 cm groß, weshalb er hier ausnahmsweise genannt werden soll, denn er ist kein deutscher Käfer, sondern ein Südamerikaner. Hat ein noch viel größeres Horn; Flügeldecken graugrün mit schwarzen Punkten.

---

XV. Gattung. **Schröter,** Lucānus L.

Die Oberkiefer groß und beim Männchen geweihartig; Augen durch eine hornige Querleiste halb geteilt oder durchsetzt. Die Käfer lecken den auslaufenden Saft der Eichen auf, die Larven leben in Holz, und zwar meist in faulem.

(104.) **1. Der Hirschschröter, Hirschkäfer, Feuerschröter,** L. cervus.

Ist nun der größte deutsche Käfer, welcher von 3 bis fast 5 $^1/_2$ cm wechselt, und zwar ohne die Oberkiefer, welche beim Männchen ungefähr wie die Geweihe eines Edelhirsches aussehen, beim Weibchen aber viel kleiner und einfacher sind. Farbe gleichmäßig kastanienbraun.

---

XVI. Gattung. **Balkenschröter,** Dorcus Meg.

Augen fast ganz durchsetzt, wie mit einem Balken. Oberkiefer nur mäßig vorragend.

(105.) **1. Der Damschröter, Balkenschröter, Damhirschkäfer,** Dorcus parallelepipĕdus. (Abb. 73.)

Das Geweih einfacher, mit nur einem Zahn in der Mitte. Die Körpergestalt ist parallelepipedisch, fast gleichbreit von vorn bis hinten; Farbe schwarz. In faulenden Eichen und Buchen.

# Pflanzenfresser. Ungleichgliedrige.

Phytophăga. Heteromĕra.

## Pflanzenfresser mit schmarotzenden Larven.

### I. Familie. **Blasenkäfer.**

Sie enthalten einen scharfen Saft, welcher auf der Haut Blasen zieht. Die Flügeldecken sind weich, öfters abgestutzt.

I. Gattung. **Maikäfer, Oelwurm, Oelmutter, Oelkäfer,** Meloë L.

Hier sind die Flügeldecken abgestutzt, wodurch der Hinterleib um so länger und dicker erscheint, und da das flügellose Tier blos ganz langsam kriechen kann, hat es den Namen Wurm erhalten. Der ölartige, blasenziehende Saft quillt in dieser Gattung aus den Gelenken. Die Larven, welche Flöhen sehr ähnlich sehen, hängen sich an Bienen und Zweiflügler und schmarotzen daran, aber ohne ihnen etwas zu leide zu tun; sie lassen sich vielmehr von Bienen in ihre Zelle tragen, wo sie sich anfangs von deren Eiern, später von Honig ernähren.

(106.) 1. **Der gemeine Maiwurm, Oelkäfer,** Meloe proscarabaeus. (Abb. 74.)

Blauschwarz mit violettem Schimmer; Fühler der Männchen in der Mitte gekrümmt. Wechselt in der Größe außerordentlich, von 1—4 cm. Man findet sie im Mai, wo sie ihre Eier legen, auf Wegen und Weiden. Der Saft galt früher als Mittel gegen den Biß wütender Hunde.

(107.) 2. **Der grüne oder bunte Maiwurm.** M. majālis s. variegātus. (Abb. 75.)

Grün mit Purpur- und Goldglanz, viel kleiner, 1 bis stark 2 mm groß.

II. Gattung. **Pflasterkäfer, Ziehkäfer, Kantharide,** Canthăris Geoff. s. Lytta F.

Flügeldecken von der Länge des Hinterleibs, geflügelt, Fühler fadenförmig, lang.

(108.) **1. Die spanische Fliege, spanische Mücke,** Cantharis vesicatoria. (Abb. 76.)

Metallisch glänzend grün, Kopf und Halsschild längsgefurcht und Flügeldecken mit erhabenen Linien, 23 mm lang. Erscheint im Juni auf Rainweide, Flieder, Hollunder und Eschen, an welch letzteren sie namentlich Schaden tut. Sie werden zu dem bekannten Zug- oder Vesikatorpflaster gesammelt; schon tote Käfer ziehen auf der Haut schnell Blasen und wirken innerlich für alle Tiere tötlich. In südlichen Ländern, wie Spanien, sind sie häufiger und wirksamer.

## Reine Pflanzenfresser.

Mit diesen als Larven und im vollkommenen Zustande von Pflanzenkost lebenden Käfern kommen wir begreiflicherweise an die schädlichsten und im schlimmen Sinne wichtigsten unter ihnen.

### Allerleifresser.

Sie ernähren sich von den verschiedenartigsten Pflanzenteilen, Samen, Früchten, Knospen, Blüten, Blättern, Holz u. dgl.

I. Familie. **Schattenkäfer.**

Sie lieben dunkle Orte, führen eine nächtliche Lebensweise und sind meist dunkel gefärbt; stehen übrigens im Baue der vorausgehenden Familie ganz nahe.

I. Gattung. **Totenkäfer, Schlupfkäfer,** Blaps F.

Ungeflügelt, die Flügeldecken sind verwachsen und laufen in zwei, beim Männchen längere Spitzen aus. Sondert einen scharfen, riechenden Saft ab.

(109.) **1. Der gemeine Totenkäfer,** Blaps mortisăga. (Abb. 77.)

Einfarbig schwarz, so groß wie eine spanische Fliege. An düstern Orten in Häusern unter faulenden Bodendielen, im Kehricht u. dgl. Sein Erscheinen galt dem Aberglauben als Todesprophezeiung.

---

II. Gattung. **Mehlkäfer,** Tenebrĭo L.

Körper schlank, Halsschild fast quadratisch, geflügelt.

(110.) **1. Der gemeine Mehlkäfer, Müller, Mehlwurm,** Tenebrio molĭtor. (Abb. 78.)

Auch schwarz, etwas glänzend, aber Beine und Unterseite rotbraun, nur $1^1/_2$ cm groß. Die lange, gelbliche, pergamenthäutige Larve heißt Mehlwurm und findet sich nebst dem Käfer in Mehl und unter Mehlkisten, auf Kornböden, in altem Brote und kann sehr schädlich werden; sie wird aber auch absichtlich gezogen, da sie ein vorzügliches Nachtigallenfutter gibt und sich lange halten läßt. Man sucht sich dagegen zu schützen durch gehörigen Verschluß der Vorräte und Sauberhalten der Räumlichkeiten; sind die Vorräte einmal mit Larven besetzt, so werden sie durch Sieben gereinigt. In Städten kann man auch aus der Not eine Tugend machen und die Mehlwürmer als Futter verkaufen. Dieser Käfer heißt in einem andern Sinne, als eine Maikäferart, Müller, nämlich als Konkurrent der Mühlenbesitzer.

---

## **Viergliedrige,** Tetramĕra.

### II. Familie. **Rüsselkäfer.**

Der Kopf ist in einen längeren oder kürzeren Rüssel ausgezogen, die Fühler oft geknickt. Die Larven sind madenähnlich, ohne Füße, mit einem undeutlichen Kopfe und meist blind; sie leben in Samen, Früchten und im Innern von Gewächsen, und da auch die Käfer noch häufig durch Zerfressen zarter Pflanzenteile schaden, so bilden die Rüsselkäfer eine der verderblichsten Familien.

### a) Muffelkäfer, Müffelkäfer,

Rüssel kurz und breit, in Form einer Schnauze. Die Larven leben in dem Samen der Hülsenfrüchte und verzehren nach und nach fast alles Mehl, daß nichts als die von dem Unrat angefüllte Hülle übrig bleibt, worauf, beziehungsweise auf den entstehenden muffelnden Geruch sich ohne Zweifel das Wort Muffel bezieht.

---

I. Gattung. **Samenkäfer, Muffelkäfer,** Mylābris Geoff. (Bruchus, L.)

Hinterschenkel meist verdickt.

(111.) **1. Der Erbsenkäfer,** M. pisi. (Abb. 79.)

Schwarz, Halsschild mit einem, Flügeldecken mit mehreren weißen Punkten oder Haarflecken, Vorderbeine und Fühlergrund gelblich rot; 4 mm lang. Er legt im Frühling seine Eier an die ganz jungen Hülsen, und die Larven ernähren sich davon, stecken manchmal sogar im Winter noch darin. Der Unrat und die Häute, die von der Larve in den angesteckten Erbsen hinterlassen werden, machen diese ekelhaft, teilweise unbrauchbar, und es fehlt an einem Mittel zur Bekämpfung des Insekts.

(112.) **2. Der Ackerbohnenkäfer, Körnermuffelkäfer,** M. granarius.

Dem vorigen sehr ähnlich, aber schon auf dem Halsschilde mit mehreren und am Steiß mit einem schwarzen Punkte. Er geht hauptsächlich an die Acker- oder Saubohnen, und die von der Larve bewohnten Samen sind noch keimfähig, liefern freilich schwächere Pflanzen, weshalb eine Verfolgung des Käfers nicht unbedingt notwendig erscheint.

---

II. Gattung. **Blütenreiber,** Anthrĭbus, F.

Hinterschenkel kaum merklich verdickt.

(113.) **1. Der weißliche Blütenreiber,** Anthr. s. Macrocephălus albīnus. (Abb. 80.)

Braunschwarz mit grell weißen Flecken auf den Flügeldecken und weißem Rüssel, höckerigem Halsschild; Fühler von Körperlänge; 5 mm lang. Lebt in alten Buchenstämmen.

---

III. Gattung. **Kurzfußrüßler,** Brachytarsus Schh.

Füße kurz, Rüssel sehr kurz mit scharfen Seitenrändern; die drei letzten Fühlerglieder breit und aneinander gedrängt.

(114.) **1. Der rauhe Kurzfußrüßler,** Brachtarsus scabrōsus, s. fasciātus. (Abb. 81.)

Eiförmig, schwarz, Flügeldecken braunrot, punktiert-gestreift mit abwechselnd erhöhten Zwischenräumen, welche mit schwarzen und weißen haarigen Flecken gewürfelt sind, kaum halb so groß. In Laubhölzern und auf Blumen. Sehr merkwürdig ist, daß man dessen Larven im Innern von Schildläusen an Hainbuchen, Ulmen u. s. w. schmarotzend antrifft, wodurch sie also nützlich werden.

(115.) **2. Der buntscheckige Kurzfußrüſzler,** Brachytarsus varĭus, s. variegātus.

Ebenso, aber die ähnlich gewürfelten Flügeldecken schwärzlich braun; noch etwas kleiner. Die Larve lebt auch in Schildläusen und zwar an Fichten.

b) **Eigentliche Rüsselkäfer, Rüßler.**

Rüssel rund, meist länger als der Kopf, manchmal von der Länge des Leibes; Fühler oft gebrochen oder geknickt, d. h. rechtwinklig gebogen. Die Larven leben als Schädlinge in Früchten, Holz usw.

aa. Fühler geknickt, wobei man den Teil über dem Winkel die Geißel, den unteren aber Schaft nennt.

IV. Gattung. **Kiefernrüsselkäfer,** Hylobīus Schh.

Halsschild kugelig, Rüssel am Ende ein wenig verdickt.

(116.) **1. Der große braune Kiefernrüsselkäfer oder Kiefernrüßler,** Hylobius pini s. abiĕtis. (Abb. 82.)

Der größte Forstkäfer, 9 mm bis über 1 cm lang, matt dunkelbraun bis pechschwarz, Flügeldecken mit unordentlichen gelbhaarigen Binden. Er frißt überall am Nadelholz, besonders aber an Kiefern und Fichten, wo er auch durch Benagen der jungen Saat schadet, aber auch an Laubholz, legt seine Eier jedoch nur an Nadelhölzern ab. Durch Zerfressen der Knospen und Stämme locken sie selbst noch gefährlichere Feinde herbei, als Borken- und Bastkäfer. Die Larven leben unter der Rinde in frischen und schon gerodeten Nadelholzstämmen. Die besten Gegenmittel sind Roden (Rotten) der angegriffenen Bäume und Abrinden der gefällten, dann sogenannte Fanggräben mit Fangbündeln, d. h. Gräben, in welche man Nadelholzzweige legt, um die Käfer anzulocken.

---

V. Gattung. **Grünrüßler, Pflanzennager,** Phyllobīus Schh.

Rüssel sehr kurz, Leib länglich.

(117.) **1. Der Silbergrünrüßler, silbergrüne Pflanzennager,** Ph. argentātus. (Abb. 83.)

Schwarz, aber ganz mit glänzend hellgrünen Schüppchen und untermischten Härchen bedeckt; über 5 mm lang.

(118.) **2. Der braune Grünrüßler oder Pflanzennager,** Ph. oblongus. (Abb. 84.)

Braun, und zwar rostbraun mit schwarzem Rande, sind bloß die Flügeldecken, seltener ganz blaßrot oder schwarz; sonst ist der Käfer schwarz mit langen grauen Härchen, Fühler und Beine rötlich braun; fast ebenso groß. Dieser und der vorige benagen die Knospen und junge Belaubung der verschiedenen Obst- und auch Waldbäume, der braune wird besonders in Baumschulen durch Ausfressen der Augen an gepfropften Bäumen schädlich. Als Gegenmittel ist Abklopfen der Käfer in einen Fangschirm anzuempfehlen.

(119.) **3. Der Birngrünrüßler, Nesselgrünrüßler,** Ph. pyri s. urtĭcae. (Abb. 85.)

Schwarz mit grünen oder fast goldigen Haarschuppen, Fühler und Beine rostbraun. Die größte Art, doppelt so groß wie der silbergrüne. Auf Birnen- und anderen Obstbäumen und Laubholz und auf der großen Nessel.

(120.) **4. Der Apfelgrünrüßler,** Ph. vespertīnus.

Schwarz, mit kupfer- oder goldglänzenden oder auch grünlichen Schuppen; wieder kleiner, wenig größer als der silbergrüne. Auch an Obstbäumen und Eichen, wo er vorzüglich die Knospen zernagt. Mittel gegen die 2 letzten wie vorhin.

---

VI. Gattung. **Blattrüsselkäfer, Pechrüßler,** Pissōdes Germ.

Rüssel wenig gebogen. Leben bloß in Nadelhölzern. Der schädlichste ist

(121.) **1. Der weißpunktige Rüsselkäfer, Weißpunktpechrüßler,** P. notātus. (Abb. 86.)

Länglich eiförmig, rötlich braun, überall mit gelblich grauweißen Haarschuppen, welche auf den Flügeldecken zwei Binden bilden. Unter und über 7 mm lang. Schadet an Kiefern, indem er zur

Saftzeit die jungen Pflanzen und Triebe ansticht, um seine Eier abzusetzen. Die Larven fressen nicht bloß in kränkelnden, sondern auch in gesunden Kiefern, vorzüglich in jungen Stämmen im Holze unter der Rinde, auch in den Zapfen. Die Käfer nagen ebenfalls noch an den Bäumen, und ihre Anwesenheit gibt sich durch die roten Nadeln kund. Das beste Gegenmittel ist Stockroden, wie beim großen, braunen Kiefernrüsselkäfer, und Entfernung kränklicher Stangen.

(122.) **2. Der Weißtannenrüßler,** Pissōdes piceăe. (Abb. 87.)

Dem vorigen sehr ähnlich, aber ansehnlich größer, mehr rein rötlich braun und mit abwechselnd sehr breiten und sehr schmalen Zwischenräumen auf den Flügeldecken. Die sehr schädliche Larve lebt im Innern der Weißtannen. Mittel wie vorhin.

(123.) **3. Der kleine braune Kiefernrüsselkäfer oder Kiefernrüßler,** Pissōdes pini. (Abb. 88.)

Der Größe nach in der Mitte zwischen den zwei ersten, sonst dem vorigen wieder ganz ähnlich; Halsschild mit einer feinen erhöhten Mittellinie von Haaren. Er frißt an Kiefern, Weymuthskiefern und Lärchen (nicht an Fichten und Tannen) im Mai stellenweise die Rinde junger Stämme ab, findet sich aber stets nur einzeln, so daß er kaum als schädlich anzusehen ist.

---

VII. Gattung. **Strauchrüßler,** Strophosōmus Steph.

Rüssel kurz und eckig. Augen stark hervorstehend.

(124.) **1. Der Haselnußrüsselkäfer, Haselrüßler,** Stroph. corўli.

Dunkelbraun bis schwarz, mit leicht abgehenden weißlichen, bräunlichen oder grauen Haarschuppen;

Fühler und Beine rotbraun, Flügeldecken deutlich gestreift. Männchen 3 1/2, Weibchen 4 1/2 mm. An Haselnüssen, Buchen, Birken, aber auch Kiefern und Fichten, an denen er Blätter, Knospen, junge Triebe und die Rinde abnagt.

---

VIII. Gattung. **Stengelbohrer,** Lixus F.

Rüssel lang und dick; der walzige Leib mit gelbem oder weißem Pulver bedeckt.

(125.) 1. **Der gemeine Stengelbohrer,** L. paraplecticus. (Abb. 89.)

Auf schwarzem Grunde dicht gelb bestäubt. 18 mm groß. Die Larve lebt im Mark des Wasserfenchels unter dem Wasser. Der Käfer ist durch Linnes Aufstellung berühmt geworden, daß die Pferde lahm oder paraplektisch würden, wenn sie Käfer oder Larven mit dem Wasserfenchel verschluckten; wenn dies aber wirklich wahr ist, so könnte es höchstens von dem Wasserfenchel herrühren.

---

IX. Gattung. **Kornbohrer, Kalanderrüßler,** Calandra Clairv.

Rüssel länger als der Kopf, am Ende, wo die allmählich verdickten Fühler eingelenkt sind, dicker.

(126.) 1. **Der schwarze oder braune Kornwurm, Kornbock,** C. granaria. (Abb. 90.)

Rotbraun bis dunkelbraun, nur 4 1/2 mm groß. Das Weibchen bohrt im Frühjahr die Körner von Roggen und Weizen an und legt seine Eier hinein. Die herausschlüpfenden Larven ernähren sich von dem mehligen Inhalte der Körner und verpuppen sich im Innern derselben, so daß man die Anwesenheit des gefährlichen Feindes gewöhnlich erst merkt, wenn im Juli aus den Puppen die Käfer kommen, um so mehr, da sich die Tier=

chen nicht an der Oberfläche des Kornhaufens, sondern der Wärme wegen einige Zentimeter tief darunter aufhalten. Die Käfer bleiben oft in ganzen Gesellschaften am Getreide sitzen und fressen wieder das Mehl heraus. Sie legen noch Eier, und im Herbste erscheint ein zweites noch zahlreicheres Käfergeschlecht, von welchem ein Teil abermals brütet, ein anderer aber überwintert. Das beste Mittel gegen den Kornwurm ist, wie man wohl sagen darf, wenn er nicht ins Getreide kommt, also möglichst sorgfältige Vorbeugungsmaßregeln; wenn der Käfer sich einmal auf dem Speicher eingenistet hat, dann sind namentlich die empfohlenen Riechstoffe, wie Flachsknoten u. a. wirkungslos. Anzuraten ist zeitweilige gründliche Reinigung und wo möglich Leerstehenlassen des Speichers, Verstreichen etwa vorhandener Ritzen; ferner Bekalken der Wände, wodurch die dunklen Käfer leichter sichtbar werden, öfteres Umschaufeln des Getreides, namentlich im Frühjahr und im Juli, baldiges Ausdreschen desselben oder Verkauf zu möglichst schnellem Verbrauche. Kleinere angesteckte Mengen können in den Backofen gebracht werden, dessen Hitze Würmer und Käfer tötet, dagegen kann man bei einem ausgedehnten Wirtschaftsbetriebe Einrichtungen zum Ersticken mittelst Schwefelns oder im luftleeren Raume durchführen.

(127.) **2. Der Glander, Reiskäfer,** Calandra Oryzae.

Ein ähnlicher Käfer mit 4 roten Flecken auf den Flügeldecken, welcher mit dem Reise in Kaufmannsgeschäften bei uns eingeschleppt wird und sich darin auch hiezuland fortpflanzt.

(128.) **3. Der Palmwurm,** C. Palmārum.

Der größte Rüsselkäfer, dessen Larve, der Palmwurm, von den Eingeborenen in den Palmenländern Südamerikas gegessen wird. Nach dem Herkules der zweite Ausländer, den wir anführen wollen.

X. Gattung. **Blattschaber, Schaber,** Ciōnus Clairv.

Leib kugelig, Rüssel lang und etwas gebogen. Sie leben auf Blättern, deren Oberhaut sie abschaben.

(129.) **1. Der Braunwurzschaber,** C. scrophulariae. (Abb. 91.)

Schwarz, Brust und Halsschild gelblich weiß behaart, Flügeldecken schiefergrau mit weiß und samtschwarz gewürfelten Zwischenräumen und 2 schwarzen Flecken an der Naht. Etwas größer als der Kornkäfer. Auf Braunwurz.

(130.) **2. Der Wollblumenschaber,** C. verbasci s. tuberculōsus.

Ebenso, aber der Halsschild auf der Mitte unbehaart und rein schwarz. Noch ein wenig größer. Er schabt die Wolle von den Königskerzen ab.

---

XI. Gattung. **Verborgenrüßler,** Cryptorrhynchus Ill.

Rüssel gebogen und hiedurch weniger sichtbar; Leib eiförmig.

(131.) **1. Der Ampferverborgenrüßler,** Cr. lapăthi. (Abb. 92.)

Hoch gewölbt, pechbraun bis schwarz, Halsschild an den Seiten und Flügeldecken an der Spitze weiß mit schwarzen Haarschuppen; 9 mm groß. Er lebt auf Ampfer, dann Weiden und Erlen, wo er Schaden tut.

---

XII. Gattung. **Versteckrüßler, Verborgenrüßler,** Ceuthorrhynchus Germ.

Rüssel nur mäßig gebogen, Leib kugelig, Flügeldecken abgestutzt. Lauter kleine Käfer.

(132.) **1. Der Raps- oder Repsversteckrüßler, -verborgenrüßler,** Ceuthorrhynchus sulcicollis.

Oben schwarz, mit weißlicher Linie über die Mitte des Kopfs und weißer Schulterecke, an einer mitten über den Halsschild laufenden Rinne kenntlich; Hinterschenkel mit einem Dörnchen; 3 mm groß. Das Weibchen legt im Sommer seine Eier an die Wurzeln von Reps, Rübsen und Verwandten; hiedurch entstehen warzenförmige Auswüchse, in deren Innerem die braunköpfigen Lärvchen sich bis zum nächsten Frühjahr ernähren und gerade um die Blütezeit des Repses in Käfer verwandelt haben. Die Käfer bohren ihren Rüssel in die jungen Schoten und nagen daran. Als Gegenmittel wird tiefe Unterbringung der Samen bei der Aussaat empfohlen, da halb aus der Erde ragende Wurzeln begreiflich mehr von dem Ungeziefer zur Brutstätte auserkoren werden; dann Ausziehen und Verbrennen der Stoppel bei solchen Kohlarten und -sorten, deren Wurzel nicht Gegenstand der Ernte ist.

In Gesellschaft mit den genannten haust noch eine Zahl andrer Verborgenrüßler in Schoten und Stengeln von Reps und Kohl, z. B. der sogen. ähnliche (C. assimĭlis), welcher manchmal mit dem berüchtigten Pfeifer, einer Lichtmotte, verwechselt wird.

(133.) **2. Der weiße Fleck,** Ceuthorrhynchus macŭla alba.

Ein durch seine reichliche weiße Zeichnung leicht kenntliches Käferchen, dessen Larven in den Kapseln des Mohns fressen.

---

XIII. Gattung. **Springer, Minierkäfer,** Orchestes Ill.

Die Hinterbeine mit verdickten Schenkeln bilden Springbeine, wie bei den Erdflöhen. Ihre Larven sind Blattminierer, welche zwischen der oberen und unteren Haut von Blättern leben und hier minenartige Gänge anlegen; die Käfer zernagen im Frühjahr junge Triebe.

(134.) **1. Der Buchenminierkäfer, Buchenspringer,** Orchestes fagi. (Abb. 93.)

Schwarz, fein blaugrau behaart, Fühler und Füße braun; Schenkel mit einem Zähnchen an der Spitze; nur 2 mm groß. Der Käfer schadet den Buchen, besonders jungen, durch Zerfressen der Blatt- und Blütenknospen und belegt sie mit seinen Eiern; die auskriechenden Larven minieren in den Blättern.

(135.) **2. Der Eichenminierkäfer, Eichenspringer,** O. quercus s. rufus. (Abb. 94.)

Rötlich gelbbraun, grau behaart; kenntlich durch die an der Innenkante sägeartig gezähnten Schenkel der Springbeine. Bildet mit 4 mm die größte Art. Das Ei wird in die Mittelrippe der kaum entfalteten Blätter gelegt. Die Larve lebt manchmal in solcher Menge in Minen der Eichenblätter, daß die Bäume ein gelbscheckiges Aussehen bekommen.

---

XIV. Gattung. **Mauszahnrüßler,** Baridius Schh.

Rüssel stark gebogen und gegen die Brust gekehrt, unten schräg abgeschnitten, wie die Nagezähne einer Maus. Verfolgt, stellen sie sich tot.

(136.) **1. Der Raps- oder Repsmauszahnrüßler,** Baridius chloris.

Glänzend grün, grünlich blau oder stahlblau, unten schwarz; 3 mm groß. Die Larve mit braungelbem Kopf lebt in Stengel und Wurzel des Repses und ernährt sich von dessen Mark. Ein Teil der im Juli oder August ausgeschlüpften Käfer überwintert in den Repsstoppeln. Das Aushöhlen der Repsstengel durch die Larven hat zur Folge, daß ein Teil der Pflanzen vor den andern notreif wird und vor der Ernte den Samen fallen läßt. Ein Vertilgungsmittel ist das Verbrennen der Repsstoppeln, worin auch der pechschwarze (B. picĭnus) u. a. Mauszahnrüßler hausen.

---

XV. Gattung. **Nußbohrer, Nußrüßler,** Balanīnus Germ.

Rüssel dünn und gebogen, von sehr großer, bei den Weibchen manchmal über Körper-Länge; Flügeldecken abgestutzt.

(137.) **Der Haselnußbohrer, Haselnußrüßler,** Balaninus nucum. (Abb. 95.)

Schwarz, oben mit braunen oder hellgrauen Schuppen; Fühler mit fast kugligen Gliedern an der Peitsche; gegen 9 mm lang. Der Rüssel wird, wie auch von andern Rüsselkäfern, beim Eierlegen zum Hinunterschieben in den Nüssen u. s. w. benützt. Ihre weißen, braunköpfigen Larven sind die widerwärtigen „Nußwürmer“ in den Haselnüssen und Eicheln, ebenso die der folgenden Art.

(138.) **2. Der verwirrte oder kleine Nußbohrer oder Nußrüßler,** B. turbātus.

Ebenso, aber der Rüssel noch länger, beim Weibchen über Körperlänge, und die Peitschenglieder an den Fühlern dünner.

(139.) **2. Der Eichelbohrer, Eichelrüßler,** Balaninus glandium s. venōsus.

Ebenso, aber Rüssel unter den dreien am kürzesten, die Flügeldecken an der Naht einen scharfen Kamm bildend. Die Weibchen aller Arten legen ihre Eier tief in die halbgewachsenen, weichen Haselnüsse und Eicheln, die Larve verzehrt den Kern ganz oder teilweise, hinterläßt ihren Unrat und bohrt sich durch das Wurmloch heraus, um sich im Boden zu verpuppen. Da sich die Käfer bei der leisesten Erschütterung fallen lassen, so kann man sie durch öfteres Abklopfen im Juni und Juli erhalten und töten; später muß man die madigen Früchte vom Boden auflesen und vernichten, um die Larven vom Auskriechen abzuhalten.

---

## XVI. Gattung. **Blütennager,** Anthonŏmus Germ.

Rüssel kürzer als die halbe Körperlänge und fast gerade; Flügeldecken nicht abgestutzt.

### (140.) **1. Der Apfelblütennager, Apfelblütenstecher, Apfelrüsselkäfer, Obstblütennager, Brenner,** Anthonŏmus pomŏrum. (Abb. 96.)

Pechbraun, aschgrau behaart, Flügeldecken rostrot, mit weißer, schwarz eingefaßter Querbinde; 2 ½ mm groß. Schon im ersten Frühjahr durchsticht das Weibchen die Blütenknospen der Apfel-, seltner Birnbäume, um seine Eier hineinzuschieben. Die Larven zerfressen die Staubgefäße, die verkrüppelten, häufig zusammengesponnenen Blüten färben sich braun, woher der Name Brenner für die ganze Erscheinung, und fallen nach einiger Zeit ab. Man empfiehlt Ablesen der zusammengesponnenen Knospen und möglichste Förderung des Treibens der Knospen durch sorgfältige Behandlung der Bäume, da der Käfer seine Eier nur in noch zarte Knospen legt. Mit dem Namen Brenner kann eigentlich keine bestimmte Art gemeint sein, weil mehrere Arten in ähnlicher Weise schaden.

### (141.) **2. Der Pfirsichblütennager, Pfirsichrüsselkäfer,** Anthonomus drupārum. (Abb. 97.)

Rotbraun, graugelblich behaart, auf den Flügeldecken statt der weißen mit 2 dunkeln Binden; etwas kleiner. Ist ein Feind der Pfirsichbäume, an deren Blüten er wieder Schaden tut.

XVII. Gattung. **Großer Rüsselkäfer, Lappenrüßler,** Otiorrhynchus Germ.

Kann nicht fliegen, da die Flügel fehlen, und dazu noch die Flügeldecken fest verbunden sind; Rüssel kurz, gegen das Ende verdickt und beiderseits lappig erweitert; Fühler sehr lang, besonders das erste Glied, welches länger als der Rüssel ist; Körper eirund, fast kugelig.

(142.) **1. Der große schwarze Rüsselkäfer, schwarze Lappenrüßler,** Ot. niger.

9 mm lang, schwarz, nur Beine rot, aber doch auch mit schwarzen Knieen und Füßen, bei einer Spielart auch ganz schwarz. Den großen schwarzen Rüsselkäfer nennen ihn die Forstleute. Der Käfer lebt, vorzüglich in Gebirgsforsten, auf Fichten, deren junge Triebe und Rinde er benagt, die Larven im Boden an den Wurzeln.

(143.) **2. Der pechbraunfüßige Lappenrüßler,** Ot. picīpes. (Abb. 98.)

Beine einfarbig rotbraun, sonst braunschwarz, aber mit bräunlichen und weißlichen Haarschuppen bedeckt; die Flügeldecken haben Augenpunkte auch mit weißlichen Schüppchen. Etwas kleiner. Schadet an Fichten und Laubhölzern, nagt in Baumschulen die Pfropfreiser an und soll auch die Rebenknospen ausfressen.

XVIII. Gattung. **Nager oder Spinnrüßler,** Hypĕra Germ.

Rüssel doppelt so lang als der Kopf, Halsschild fast zylindrisch. Die Larven verpuppen sich auf der Unterseite der Blätter in einem weitmaschigen Gespinst.

(144.) **1. Der Knöterichnager, Knöterichrüsselkäfer, Knöterichspinnrüßler,** Hypĕra polygŏni.

Schwarz, Halsschild mit 3 weißen Linien, Flügeldecken mit bräunlichen oder aschgrauen Haarschuppen und 3 kurzen, schwarzen Linien dazwischen; 5—6 mm lang. Er lebt auf Wiesen und Gartenpflanzen, besonders Nelken, deren Stengel die Larve aushöhlt und so zum Absterben bringt.

---

XIX. Gattung. **Brillantkäfer,** Entīmus.

Sämtlich Ausländer.

(145.) **1. Der eigentliche Brillantkäfer, Juwelenkäfer,** E. imperiālis.

Der schönste und auch einer der größten Rüsselkäfer, welchen man, trotzdem daß er ein Brasilianer ist, nicht selten in den Sammlungen antrifft. Goldgrün, mit erhabenen schwarzen Streifen, zwischen denen Reihen vertiefter Grübchen liegen, die wie Juwelen und Brillanten schimmern.

---

XX. Gattung. **Kurzrüßler,** Brachydĕres Schh.

Rüssel nicht länger als breit.

(146.) **1. Der graue Kurzrüßler,** Br. incānus. (Abb. 99.)

Schwarzbraun mit grauen und braunen, kupferig glänzenden Haarschuppen; Fühler rostrot, Halsschild sehr kurz; über und unter 9 mm. Als Schädling an Kiefern und Fichten.

---

XXI. Gattung. **Graurüßler,** Sitōna Germ.

Rüssel wie vorhin, aber oben mit einer Furche.

(147.) **1. Der linierte Graurüßler,** Sitōna lineāta.

Schwarz, gewöhnlich unten silbergrau, oben

braun beschuppt, doch wechselt die Farbe der Schuppen auch mit grünlich grau, kupfer- und goldglänzend, Halsschild und häufig auch Flügeldecken mit weißbeschuppten Längslinien; über und unter 2 mm. Er zerfrißt zu tausenden im ersten Frühjahr die jungen Pflanzen von Klee, Bohnen, Erbsen u. a. Bei Reihensaat lassen sich, so lange die Pflanzen noch niedrig sind, die Käfer in Massen mit einem tiefsackigen Netze oder sogen. Hammen abschöpfen.

---

bb. Fühler ungeknickt, gerade.

XXII. Gattung. **Blattroller, Dickkopfkäfer,** Apodĕrus Oliv. Attelăbus L.

Der Kopf erscheint dadurch dick, daß er sich nach hinten in eine Art Hals verschmälert. Die Weibchen rollen Blätter zusammen, um ihre Eier abzusetzen.

(148.) **Der Haselblattroller, Haseldickkopfkäfer,** Ap. s. Attelăbus corўli. (Abb. 100.)

Schwarz, Flügeldecken rot, ebenso Halsschild, wenigstens am Hinterrande, auch die Beine öfters rot, aber doch mit schwarzen Schenkelspitzen; 7—9 mm groß. Am häufigsten auf Haselnußsträuchern und Erlen, auch Buchen und Hainbuchen. Das Weibchen macht aus einem Blatt eine oben und unten geschlossene Rolle, wie eine Geldrolle, indem es die eine Hälfte des Blattes bis über die Mittelrippe einschneidet und den so entstandenen Fetzen aufwickelt. In diesen Blattrollen leben die Larven, deren zweites Geschlecht auch darin überwintert. Man zertrete also die Rollen im Spätjahr auf dem Boden.

---

XXIII. Gattung. **Blattwickler,** Byctiscus Thom.

Halsschild stark gerundet, beim Männchen jederseits mit einem kleinen Dorn; Flügeldecken fast quadratisch, Oberseite unbehaart. Sie und die folgende Gattung rollen ebenfalls, wieder auf eine andere Art, Blätter zusammen, indem sie zuerst die jungen Schosse anstechen und dadurch das Abwelken der Spitze veranlassen.

(149.) **1. Der Rebenstecher, Rebstecher (stahlblauer), Drechsler, Birkenfreund,** franz. bèche, Lisette. Byctiscus betŭlae s. betulĕti.

Glänzend stahlblau oder goldgrün; 6—7 mm groß. Er findet sich im Mai und Juni zunächst auf Birken, Buchen, Linden, Obst- u. a. Baumarten, etwas später, in einzelnen Jahren besonders häufig, auf der Rebe. Er schadet auf zweierlei Weise. Erstlich schabt er zu seiner Nahrung Stückchen Haut mit dem Blattgrün von den Blättern ab und zweitens „drechselt“ er, wie oben kurz erwähnt, Blattwickel zum Absetzen der Eier. Sind die Blätter noch klein, so sticht er in den jungen Schoß unten ein Loch, sind sie größer, so bohrt er in den Stiel eines einzelnen Blattes oder er sticht, wie bei ausgebildetem Weinlaube, auch nur einen Lappen an, immer um ein Abwelken herbeizuführen; dann bildet er mit den Beinen einen zigarrenähnlichen Wickel, dessen einzelne Teile mit einem aus dem Hinterteil fließenden, klebrigen Safte zusammengeleimt werden. In den Wickel legt er ein Ei, aus welchem sich eine Larve mit braungelb geflecktem Kopfe entwickelt, die sich von dem Innern des gewöhnlich bald zur Erde fallenden und so feucht bleibenden Wickels ernährt und sich unter dem Boden in eine gelbliche mit rötlichen Borsten versehene Puppe verwandelt. Das daraus hervorgehende Käfergeschlecht überwintert. — Das einzige Gegenmittel, welches sich bewährt hat, besteht im Fangen der leicht sichtbaren Käfer mit der Hand, am besten in eine mit Trichter versehene Sammelflasche, oder Abklopfen in einen kleinen Sonnen- oder Regenschirm, und zwar an nicht zu heißen Tagen. Auch das Vernichten der abgefallenen

Blattwickel hat seinen Wert, aber mehr für die Allgemeinheit als für den Betreffenden, da man nicht voraus weiß, an welchen Stellen und Pflanzen die zukünftigen Käfer auftreten werden.

(150.) **2. Der Espenstecher**, Byctiscus popŭli.

Oben goldgrün oder kupferrot, unten immer blau, 3 mm kleiner. Schadet an Espen oder Zitterpappeln.

---

XXIV. Gattung. **Obststecher, Rüsselstecher,** Rynchītes Schneid.

Halsschild unbedornt, Decken meist länger als zusammen breit, Oberseite behaart.

(151.) **1. Birkenstecher,** Rynchītes s. Deporāus betŭlae.

Ganz schwarz, 2 mm kleiner und schlanker als der Rebenstecher. Geht hauptsächlich an Birken, ferner an Zitterpappeln, Buchen usw., von deren Blättern er Wickel bildet.

(152.) **2. Der Zweigabstecher,** Rh. conĭcus s. alliariae.

Stahlblau bis blaugrün, Halsschild fast kegelförmig; noch 1 mm kleiner. Er schneidet die jungen Schosse aller Arten von Obstbäumen, besonders von Birnen und Aepfeln, quer ab und schadet hiedurch besonders an Spalierbäumen, wo man sich seiner auch wieder durch Sammeln erwehren muß.

(153.) **3. Der Pflaumenstecher,** Rh. cuprĕus. (Abb. 101.)

Kupferglänzend braun, beinah so groß wie der Rebenstecher. Er legt seine Eier in junge Pflaumen und Zwetschen, wo man ihre Anwesenheit äußerlich durch einen oder auch zwei Punkte erkennt; alsdann schneidet er den Stiel der jungen Frucht durch, damit sie vom Baume fällt und so auf dem kühlen Boden (wie beim Rebenstecher) der braunköpfigen, weißen Larve zur Nahrung dient. Das Gegenmittel ist wieder Abschütteln und Abklopfen der Käfer, und zwar am frühen Morgen, wo sie noch halb schlafen.

(154.) 4. **Der Apfelstecher, Apfelsticher, purpurrote Obststecher,** fälschlich auch **Rebenstecher,** Rhynchītes Bacchus. (Abb. 102.)

Purpurrot, goldglänzend, Fühler, Füße und der lange Rüssel blau, etwas größer als der Zweigabstecher. Er wurde Jahre lang mit dem Rebenstecher verwechselt, jedoch ist schon bei Oken der Irrtum aufgedeckt. Derselbe erscheint zuerst im Frühjahr auf Apfelbäumen, wo er die Knospen zerfrißt, später um Johanni legt er seine Eier in die jungen Aepfel.

---

XXV. Gattung. **Samenstecher, Spitzmausrüßler, Spitzmäuschen,** Apĭon Herbst.

Körper birnförmig, vorn in einen langen, dünnen, walzigen Rüssel verlaufend, wodurch eine gewisse Aehnlichkeit mit einer Spitzmaus entsteht. Kleine, selten 7 mm erreichende Käfer.

(155.) 1. **Das Rotkleespitzmäuschen, sonnenliebende Spitzmäuschen,** Ap. aprīcans.

Glänzend schwarz, Wurzelglieder der Fühler, Schenkel und Füße der hinteren Beine rotgelb. Zerstört als Larve nebst dem gelbschenkeligen (Ap. flavofemorātum) die Samen des Rotklees. Man muß die Käfer zur Zeit der Kleeblüte mit einem sogen. Hammen in möglichst großer Menge abschöpfen.

Ebenso

(156.) 2. **Das gelbfüßige Spitzmäuschen,** Ap. flavīpes

auf dem weißen Klee.

(157.) **3. Der Wickenstecher, Wickenspitzmäuschen,** Apĭon craccae.

Matt schwarz, grau behaart, Fühlerwurzel rostrot; Rüssel an der Wurzel plötzlich verdickt; nur über 2 mm groß. Frißt die Samen der Vogelwicken, findet sich auch auf Kleefeldern, Eichen u. a.

(158.) **4. Der rote Kornwurm,** Ap. frumentarĭum. (Abb. 104.)

Ganz mennigrot, nur die Augen schwarz, etwas größer. Linnes Meinung, daß er dem aufgespeicherten Getreide schädlich sei, wird in neuerer Zeit bestritten; er findet sich auf Gräsern, Sauerampfer u. a.

# Holzfresser (Fünfgliedrige).

Xylophăga (Pentamĕra.)

## I. Familie. Springkäferartige, Schnellkäferartige.

Brustbein breit, die Vorderbeine von einander trennend, seitlich mit einer Rinne, in welche die Fühler gelegt werden können; Körper hart, lang und schmal, flachrund oder walzig. Die meistens den Mehlwürmern ähnlichen Larven, Drahtwürmer genannt, leben in faulem Holz u. a. faulenden Pflanzenteilen, fressen auch mitunter andere Insektenlarven; die Käfer findet man auf Gebüschen, Gräsern und Blumen. In den ersten 6 Gattungen ist das Brustbein nach hinten in einen Dorn verlängert, welcher in eine Grube der Mittelbrust paßt, durch welche Vorrichtung der Käfer, wenn er auf dem Rücken liegt, sich mit knipsendem Geräusch in die Höhe schnellen oder aufspringen kann. Auch der Name Schmied wird von dieser Eigentümlichkeit erklärt.

I. Gattung. **Springkäfer, Schnellkäfer, Schmied,** Eläter L.

Fühler vom vierten Gliede an gesägt, Schildchen länglich, Brustdorn scharf.

(159.) 1. **Der blutfarbige Schnellkäfer oder Drahtwurm,** Eläter sanguinolentus.

Schwarz, hellgrau behaart, Decken rot mit gemeinschaftlichem, schwarzem, eiförmigem Stahlfleck. 9—12 mm.

---

II. Gattung. **Feldschnellkäfer,** Agriōtes Eschsch.

Fühler schwach oder kaum gesägt; Schildchen rund oder eirund.

(160.) **1. Der Saatschnellkäfer, gemeine Drahtwurm,** Agriōtes lineātus. (Abb. 105.)

Braun, Flügeldecken mit hellern Längsstreifen und gelblicher Behaarung; 8—11 mm lang. Die dünne, lange Larve dieses und der zwei folgenden heißt bei den Landleuten Drahtwurm.

(161.) **2. Der dunkle Schnellkäfer oder Drahtwurm,** Agr. obscūrus.

Dem vorigen sehr ähnlich, aber dunkler. Die Larven beider kommen an den Wurzeln verschiedener Getreidearten das ganze Jahr hindurch, besonders im Frühjahr und Herbst, in verheerender Menge vor, sodaß die Hälfte der Ernte dadurch verloren gehen kann. Eine einzige ist imstande, 8—20 Halme zu zerstören. Wenn die Aecker brach liegen, so ernähren sie sich von Gras und Unkraut, man darf also dieses nicht aufkommen lassen. Außerdem ist schwer etwas zu machen, und wenn der Schaden groß ist, muß man eben das Getreide umpflügen. Sonst gehen die Drahtwürmer auch an Reps u. a. Kreuzblütige, wo sich noch häufiger die dritte Art findet.

III. Gattung. **Laubschnellkäfer,** Athōus Esch.

Fühler gesägt, das dritte Glied meist größer als das zweite, Schildchen eirund, zugespitzt.

(162.) 1. **Der rotschwänzige Schnellkäfer oder Drahtwurm,** Athōus haemorrhoidālis. (Abb. 106.)

Der Schwanz, d. h. die Spitze und Rand des Hinterleibs unten braunrot, sonst überall schwarzbraun und behaart; etwas größer. Auch hier bleibt nichts übrig, als das Auspflügen der beschädigten Pflanzen.

---

IV. Gattung. **Springkäfer,** Lacon Laporte.

Zweites und drittes Fühlerglied klein und kugelig, die folgenden gleich und nach innen gesägt; Schildchen eirund, stumpf zugespitzt.

(163.) 1. **Der mausfarbige Springkäfer,** Lacon murīnus.

Mausfarbig, d. i. bräunlich schwarz mit hellerer und ganz weißer Behaarung; noch größer. Er findet sich auf Wiesen, Gebüschen und in Gärten.

---

V. Gattung. **Kammhornschnellkäfer,** Corymbītes Latr.

Zweites Fühlerglied klein, 3. bis 10. gesägt oder gekämmt; Schildchen eirund.

(164.) 1. **Der erzfarbige Schnellkäfer,** Corymbītes aënēus.

Dunkel erzfarbig, blau oder violett, Beine rot; abermals größer. Unter Steinen.

---

VI. Gattung. **Uferschnellkäfer,** Cryptohypnus Eschsch.

Fühler kaum gesägt, zweites Glied sehr klein,

die folgenden dreieckig; Schildchen gerundet oder eirund.

(165.) **1. Der viertüpfelige Uferschnellkäfer,** Cryptohypnus quadripustulātus.

Schwarz, behaart, auf jeder Flügeldecke zwei, im ganzen vier blaßgelbe Tüpfel, einer an der Spitze, der andre an der Schulter. Die kleinste Art, nur $3^1/_2$ mm lang. An Pflanzenwurzeln.

---

VII. Gattung. **Prachtkäfer,** Chalcophŏra Sol.

Durch ihre Farbenpracht ausgezeichnet. Brustbein ohne Dornfortsatz, sie können also nicht springen. Halsschild breit, viereckig, vorn verengt; Decken uneben, mit flachen, unregelmäßigen Längsrippen. Die fußlosen Larven dieser und der 2 folgenden Gattungen durchbohren Bäume im Walde oder liegende Stämme in Holzhöfen, wodurch sie sehr schädlich werden können; die Käfer leben auch auf Bäumen oder auf Kräutern.

(166.) **1. Der Marienprachtkäfer,** Chalc. mariāna. (Abb. 107.)

Oben kupferrot, unten goldfarbig, Halsschild und Flügeldecken mit schwärzlichen Längslinien, die letzteren noch mit je zwei erzfarbigen Gruben; 3 cm groß. Er findet sich in Kiefernwäldern, da jedoch die Larve nur in abgestorbenen Bäumen lebt, so ist sie als unschädlich anzusehen.

---

VIII. Gattung. **Eckschild-Prachtkäfer,** Anthaxĭa Eschsch.

Halsschild breiter als lang, in der Mitte erweitert, mit geradem Hinterrande; Decken an der Spitze gerundet und fein gezähnelt.

(167.) **1. Der vierpunktige Eckschild-Prachtkäfer,** Anthaxĭa quadripunctāta. (Abb. 108.)

Metallisch schwarzbraun, auf dem Halsschilde vier Punkte oder Grübchen in einer Querreihe; fast viermal kleiner. Der Käfer sitzt auf Blumen, die Larve aber frißt als Schädling in jungen Kiefern.

---

IX. Gattung. **Schmal-Prachtkäfer,** Agrīlus Sol.

Halsschild viel breiter als lang, der Hinterrand auf beiden Seiten tief ausgerandet; Decken lang, hinter der Mitte zugespitzt. Körper schmal und gestreckt.

(168.) **1. Der zweitropfige Schmalprachtkäfer,** Agrīlus biguttātus. (Abb. 109.)

Männchen blaugrün, Weibchen grünlich braun, jede Flügeldecke mit einem, zusammen mit zwei weißen Tropfen oder Haarflecken; fast doppelt so groß wie der vorige, doch auch kleiner. Man findet ihn auf Eichen, da aber die Larven bloß in der dicken Borke leben und nie bis auf den Bast gehen, so sind sie unschädlich.

(169.) **2. Der dünne Schmalprachtkäfer,** Agr. tenuis. (Abb. 110.)

Metallisch blau oder blaugrün, Halsschild in den Hinterecken mit einem kleinen Leistchen; so groß wie der vierpunktige. Die Larve ist an Buchen und Eichen sehr schädlich.

(170.) **3. Der kammhörnige Schmalprachtkäfer,** Agrīlus angustŭlus. (Abb. 111.)

Entweder olivengrün oder bronzegrün, blaugrün oder grau; letzter Bauchring an der Spitze leicht ausgerandet; wieder etwas kleiner. Der Käfer auf jungen Eichentrieben, die Larve im Innern der Eichen sehr schädlich.

(171.) **4. Der bogengängige Schmalprachtkäfer,** Agr. sinuātus. (Abb. 112.)

Kopf und Halsschild kupferfarbig, Flügeldecken purpurrot mit Metallglanz, unten messinggrün, wieder etwas größer. Die Larve bohrt unter der Rinde der Birnbäume im Bogen oder Zickzack auf- oder absteigende Gänge, die mit einem dreieckigen Flugloche endigen. Man könnte wohl alle schädlichen Prachtkäferarten, wie die Borkenkäfer, in sog. Fangbäume locken, d. h. in eigens zu diesem Zwecke mit vollen Aesten gefällte Bäume.

---

## II. Familie. **Holzzerstörer.**

Körper walzig und hart, Fühler faden- oder sägeförmig, der kapuzenförmige Halsschild nimmt den Kopf beinahe ganz auf. Die Larven bohren in Holz.

### I. Gattung. **Bohrkäfer, Holzkäfer,** Bruchus Geoff. (Ptinus L.)

Fühler lang und fadenförmig, Halsschild schmäler als die Flügeldecken; Weibchen mehr eiförmig. Sie halten sich häufig in Häusern auf, wo die Larven durch Zernagen von altem Holze schaden, aber auch in Naturaliensammlungen.

(172.) **1. Der Kräuterdieb, Dieb, gemeine Bohrkäfer,** Bruchus fur. (Abb. 113.)

Rostbraun, kurz behaart, auf dem Halsschilde mit 4 büschelig behaarten Höckern; $2^1/_2$ bis $4^1/_2$ mm. Die Larve tut in Pflanzensammlungen und zoologischen, besonders Insektensammlungen, großen Schaden. In zoologischen Sammlungen sind die Gegenmittel dieselben wie gegen den Speck- und Kabinettkäfer; Herbarien muß man von Zeit zu Zeit nachsehen, um Larven und Käfer zu vertilgen.

---

### II. Gattung. **Hauskäfer, Holznagekäfer,** Byrrhus Geoff. (Anobĭum F.)

Die 3 letzten Glieder der Fühler sind merklich

länger. Die blinden Larven fressen im trocknen wie frischen Holzkörper, besonders von Laubholz, unter dem Namen Bohr- und Kümmelkäfer.

(173.) **1. Die Totenuhr, der Klopfkäfer, Trotzkopf, gemeine Hauskäfer,** Byrrhus pertĭnax. (Abb. 114.)

Schwarzbraun, Flügeldecken punktiert-gestreift, Halsschild mit einem bräunlichgelben Haarfleck; 5 1/2 mm groß. Das Klopfen, welchem sie die erstern Benennungen verdanken, bringen sie hervor, indem sie sich auf die 4 hintern Beine stellen und dann mit dem Kopfe gegen das Holz schlagen. Das Männchen lockt auf diese Weise das Weibchen, welches ihm antwortet. Dieses regelmäßige, dem Ticktack der Taschenuhr ähnliche Klopfen, des nachts in einem Krankenzimmer gehört, hielt der Aberglaube für eine Todesprophezeiung. Die Larven leben teils in alten Weiden, teils in Bau- und Werkhölzern, besonders wenn sie wie Ackergerätschaften u. a. dem Wechsel der Witterung unterworfen sind. Der Käfer zieht bei der leisesten Berührung die Beine an und stellt sich tot und alsdann läßt er sich spießen, verbrennen, zerreißen, ohne sich zu zucken; daher heißt er Trotzkopf. Vorbeugungsmaßregeln sind Anstreichen der Holzgeräte, sowie Entrinden des Holzes nach der Fällung. Löcher, durch welche sich der Käfer herausbohrt und wo auch später die Larven das Bohrmehl herausstoßen, verraten die Anwesenheit des Wurms, wie man sich auszudrücken pflegt, dann ist aber in der Regel nicht viel mehr dagegen zu machen.

(174.) **2. Der gestreifte Hauskäfer,** B. striātus.

Dem vorigen ähnlich, aber nur etwa halb so groß und mit einem hohen, hinten zugespitzten Kiele auf dem Halsschild. Wird auch von Einigen für die Totenuhr gehalten. Die runden Löcher in alten Möbeln rühren meistens von dieser Art her.

(175.) **3. Der bunte oder gewürfelte Hauskäfer,** Byrrhus tessellātus.

Pechbraun, durch graugelbe Haarflecken auf den Flügeldecken bunt oder unregelmäßig gewürfelt; die größte Art, 7 mm lang. Einesteils in Eichen und Eiben, in letzteren als das einzige bisher beobachtete Insekt, andernteils und häufiger wieder in Holzgeräten, Zimmerböden u. dergl., welche nach und nach dadurch in Wurmmehl und Staub verwandelt werden.

(176.) **4. Der Brothauskäfer, Brotbohrer,** Byrrhus panicēus. (Abb. 115.)

Braun, gelblich behaart; 2—3 mm lang. Er lebt nebst seiner weißen Larve in altem Brot, Zwieback, Oblaten, häufiger noch in Samen, ferner Insekten- und Pflanzensammlungen, wo er am meisten Schaden tut.

---

IV. Gattung. **Holzbohrer, Bohrkäfer,** Ptilīnus Geoff.

Die Fühler bei den Männchen kammförmig, bei den Weibchen aber fadenförmig.

(177.) **1. Der Kammbohrkäfer, kammhörnige Bohrkäfer,** Ptilīnus pectinicornis. (Abb. 116.)

Schwarzbraun bis schwarz, die beim Männchen sehr auffallenden Fühler, sowie die Beine rötlich gelb; 5—6 mm groß. Die Larve bohrt Gänge in lebende Buchen und Eichen, wodurch sie bedeutenden Schaden tun kann; noch häufiger durchwühlt sie hölzerne Gerätschaften, wie die Larven der Hauskäferarten, und sind auch die nämlichen Mittel anzuwenden.

(178.) **2. Der gerippte Holzbohrer oder Bohrkäfer,** Ptil. costātus.

Ebenso, aber stets dunkler, Flügeldecken meist

mit 2—3 erhabenen Rippen nach der Länge. Die Larve schadet in Weiden und Pappeln.

V. Gattung. **Werftkäfer, Bohrkäfer,** Lymexȳlon F.

Körper länglich, walzenförmig und sehr weich Flügeldecken verschmälert.

(179.) **1. Der Matrose, Holzbohrer,** L. navāle (Abb. 117.)

Weibchen gelblich, Männchen fast ganz schwarz; 11 mm groß. Man findet die Larven im absterbenden Eichenholz auf Zimmerplätzen, besonders häufig auf den Werften, wo sie das alte Schiffsbauholz oft ganz zernagen und schon großen Schaden angerichtet haben; daher der ironische Name Matrose.

# Echte Holzfresser.

## Viergliedrige, Tetramĕra.

Sie leben sowohl als Larven wie als Käfer im Innern von Holzgewächsen, entweder im Holze selbst oder auch unter und in der Rinde und sind selbst als Käfer nicht häufig außerhalb anzutreffen.

III. Familie. **Borkenkäfer.**

Fühler vorn mit einem Knopfe versehen; der Kopf teilweise in den ersten Brustring zurückziehbar. Larven und Käfer bohren im Holze und gehören zu den schädlichsten und eben deshalb für den Forstmann wichtigsten Insekten. Sie greifen allerdings am liebsten kränkelnde Bäume an, dieselben mögen noch stehen oder schon gefällt sein, aber doch sind auch gesunde Stämme keineswegs vor ihnen sicher. So lang sie sich nicht übermäßig vermehrt haben, suchen sie einzeln an sonnigen Plätzen stehende Bäume auf, und zwar im Frühjahr zum Eierlegen. Einige treiben ihr Bohrloch bis ins Holz, andere nur bis oder unter die Rinde. Von den letztern gehen wieder einige nur bis in die eigentliche Rinde (Rindenkäfer im engern Sinne genannt), andere bis auf den Bast (Bastkäfer). Beide nagen dann sehr bezeichnende, aber nach Länge und Richtung bei den verschiedenen Gattungen verschiedene Gänge (Muttergänge), worin sie die Eier absetzen, woraus die Larven kriechen, welche sich abwärts, manchmal auch strahlenförmig, neue Gänge fressen (Larvengänge). Bei den Rindenkäfern sind die Gänge am wenigsten, bei den Bastkäfern dagegen oft sehr regelmäßig und gehen entweder lotrecht (Lotgänge) oder wagerecht (Wagegänge) oder laufen sternförmig auseinander (Sterngänge).

---

## I. Gattung. **Borkenkäfer,** Bostrўchus s. Tomĭcus Latr.

Fühler sehr kurz mit runder, zusammengedrückter Keule; Halsschild kapuzenförmig den kleinen Kopf überdachend; Flügeldecken hinten abschüssig und meist gezähnt. Ihre Farbe ist meist braun oder braunschwarz, selten gelblich, und zwar öfter wechselnd bei derselben Art. Das wichtigste Vertilgungsmittel sind die Fangbäume, welche schon bei den Prachtkäfern genannt wurden. Da man aber hiemit leider häufig zu spät kommt, so sind Vorbauungsmaßregeln die Hauptsache, als Entrinden der gefällten Bäume und Entfernung der Stuken, d. i. der gefällten Stöcke, Lagerhölzer u. dgl. aus dem Walde, weil dieselben die Käfer zum Absetzen der Eier anlocken.

### (180.) **1. Der Fichtenborkenkäfer, Buchdrucker, Rindenwurm, Holzwurm, Tannenwurm,** Bostrўchus typogrăphus. (Abb. 118.)

Schwarz mit braunen Flügeldecken und Beinen oder ganz braun bis gelbbraun; die abschüssige Stelle an den Flügeldecken stark eingedrückt und mit 4 Zähnen beiderseits, wovon der dritte am größten; 4 1/2—5 1/2 mm groß. Er lebt unter der Rinde der Fichten und ist in diesem Nadelholz der einzige, welcher Lotgänge anlegt; so kann er ganze Waldungen verwüsten, indem er die sogen. Wurmtrocknis hervorruft. Diese labyrinthischen Gänge sehen ungefähr aus wie arabische Buchstaben, daher der Name Buchdrucker.

(181.) **2. Der Kupferstecher,** Bostrȳchus chalcogrăphus. (Abb. 119.)

Glänzend rötlich gelbbraun; abschüssige Stelle nur neben der Naht eingedrückt und nur mit 3, beim Männchen längeren Zähnen; kaum halb so groß. Gewöhnlich in Begleitung des vorigen ebenfalls in Fichten, und zwar als der einzige mit Sterngängen, besonders in den Spitzen der Bäume und Äste.

(182.) **3. Der Autograph,** B. autogrăphus.

Flügeldecken ohne Zähne, wieder etwas größer. Der dritte Fichtenfeind.

(183.) **4. Der große Kiefernborkenkäfer, Stenograph,** B. stenogrăphus. (Abb. 120.)

Der größte der Gattung, bis gegen 7 mm; abschüssige Stelle schmäler und mit 6 Zähnen, wovon der vierte am größten. In Kiefern als der einzige mit Lotgängen.

(184.) **5. Der zweizähnige Borkenkäfer,** Bostrȳchus bidens.

Flügeldecken jederseits mit einem hakenförmigen, abwärts gebogenen Zahn und über diesem gewöhnlich noch mit einem Zähnchen oder Höckerchen, welche aber beide dem Weibchen fehlen. Ebenfalls in Kiefern, worin er allein Sterngänge anlegt.

(185.) **6. Der (sogen.) Lärchenborkenkäfer,** Bostrychus laricis. (Abb. 121).

Dem Fichtenborkenkäfer ähnlich, aber ansehnlich kleiner und mit 3—6 Zähnchen und innerhalb des zweiten und dritten Zähnchens noch einmal mit einem Zahne. Ob er wirklich in der Lärche vorkommt, steht immer noch nicht ganz fest, hingegen schadet er an Fichten, Tannen und Kiefern.

(186.) **7. Der krummzähnige Borkenkäfer,** B. curvidens. (Abb. 122.)

Abschüssige Stelle beim Männchen mit 6—7 Zähnen, von welchen der zweite und fünfte hakenförmig gekrümmt ist, beim Weibchen bloß mit 3—4 kleinen Zähnchen; auf der Stirn des Männchens ein Büschel gelber Haare; nur 2—3 mm groß. Er lebt in Weißtannen und brütet zweimal; das zweite Geschlecht überwintert als Käfer.

(187.) **8. Der ungleiche Borkenkäfer,** B. dispar. (Abb. 123.)

Männchen und Weibchen in mehreren Stücken ungleich, Weibchen gegen 3 mm, Männchen kleiner, dann Flügeldecken beim Weibchen kurz walzenförmig, beim Männchen fast kugelig gewölbt und breiter als der Halsschild. In Buchen, Birken, Eichen und Obstbäumen von März an, und der Käfer bohrt bis in den Splint, sogar tief ins Holz. Von Obstbäumen wählt er besonders die Apfelbäume, schon kleine in Baumschulen, und legt darin, wenn er Raum genug hat, doppelarmige Wagegänge an. Besitzer größerer Obstgärten werden gut tun, einzelne Bäume von geringem Werte zu ringeln und allmählich absterben zu lassen; das gibt dann auch Fangbäume für sie, welche man fällen und deren Rinde verbrennen muß. Mancher bereits angesteckte Baum erholt sich auch wieder, besonders bei kräftiger Düngung.

(188.) **9. Der linierte Borkenkäfer,** B. s. Xylotĕrus lineātus.

Abschüssige Stelle gewölbt und spitzig auslaufend; auf jeder Flügeldecke mit 6 gelblich braunen, abwechselnd etwas hellern und dunklern Linien; etwas kleiner als der vorige. Er geht bis ins Holz an Kiefern, Fichten und Lärchen.

---

## II. Gattung. **Bastkäfer, Holzverderber,** Hylesīnus F. s. Hylurgus Erichs.

Körper walzig, Halsschild nach vorn schmäler und der etwas rüsselähnliche Kopf nicht darein zurückziehbar; Flügeldecken ebenfalls abschüssig. Die Arten leben im Bast, meist von Nadelhölzern, aber weder tief im Holze, noch auch in der Borke.

(189.) **1. Der Waldgärtner, Kiefernzweigbastkäfer,** Hylesīnus piniperda. (Abb. 124.)

Pechschwarz bis braungelb, Fühler und Füße ziegelrot; an den punktiert-gestreiften Flügeldecken jeder Zwischenraum mit einer Reihe Höckerchen, nur der zweite Zwischenraum auf der abschüssigen Stelle ohne Höcker; bis 4 $^1/_2$ mm. Er bohrt in Kiefern Lotgänge. Die verkümmernden Bäume bekommen eine gewisse Ähnlichkeit mit beschnittenen Bäumen, daher der mit Galgenhumor erfundene Namen Waldgärtner. Gegenmittel wie bei den Borkenkäfern.

(190). **2. Der kleinere Bastkäfer,** H. minor.

Etwas kleiner oder gerade so groß, sehr ähnlich, aber im zweiten Zwischenraume der Flügeldecken mit bis zum Ende fortlaufenden Höckerchen. Ebenfalls in Kiefern, meist an schwächern Stellen, und gemeinschaftlich mit dem vorigen; die Larve macht Wagegänge und zwar doppelarmige.

(191.) **3. Der bunte Eschenbastkäfer,** H. fraxīni.

Schwarz mit kurzen bräunlich- und graulich-gelben

Schuppenhärchen, welche hie und da auf den Flügeldecken die Grundfarbe durchblicken lassen, wodurch der Käfer etwas bunt aussieht; etwas kleiner. Unter der Rinde von Eschen, wo er ebenfalls doppelarmige Wagegänge anlegt.

---

III. Gattung. **Wurzelkäfer,** Dendroctŏnus Erichs.

Körper groß, lang behaart; Decken am Vorderrand aufgeworfen, an der Spitze nach abwärts gewölbt.

(192.) **1. Der schimmernde Wurzelkäfer,** Dendroctŏnus micans. (Abb. 125.)

Pechschwarz und dann Fühler und Füße rotgelb, seltener braun oder gelbbraun; Weibchen glänzender als das Männchen, 7—8 mm groß, also der größte von all diesen Holzfeinden. Er haust in Fichten, namentlich deren Wurzelknoten, und legt einzig und allein sogen. Familiengänge an, wo viele Larven sich, dicht auf einander liegend, einen gemeinschaftlichen Gang fressen.

---

IV. Gattung. **Splintkäfer, Stutzborkenkäfer,** Eccoptogaster Herbst s. Scolўtus Geoff.

Der Bauch vom zweiten Ringe an schnell gegen die Spitze der Flügeldecken aufsteigend und hiedurch wie abgestutzt aussehend; Kopf mit einem kurzen Rüssel; Flügeldecken nicht abschüssig und fast viereckig. Die Arten leben wahrscheinlich alle in Laubhölzern, und ihre Gänge sind meistens Wagegänge.

(193.) **1. Der große Rüsternsplintkäfer,** Ecc. scolўtus.

Rötlichbraun; Rüssel ohne Leiste nach der Länge, Zwischenräume der Flügeldecken mit 2—3 Punktreihen, Naht nur am Grunde vertieft; 4 ½—5 mm. In Rüstern oder Ulmen.

(194.) **2. Der zerstörende Splintkäfer, Birkensplintkäfer,** Ecc. destructor s. Scolÿtus Geoffroyi.

Schwarz, Flügeldecken, Fühler und Beine braun; Rüssel mit Längsleiste, Zwischenräume der Flügeldecken nur mit einer Punktreihe, Naht bis zur Spitze vertieft; etwas größer. Schadet in Birken.

(195.) **3. Der Eichensplintkäfer,** Eccoptogaster intricātus.

Farben des ersten, aber Zwischenräume der Flügeldecken bloß mit einer Reihe starker Punkte und querlaufenden Runzeln, und kleiner als der erste. In Eichen.

(196.) **4. Der Pflaumensplintkäfer, Pflaumenstutzborkenkäfer,** Ecc. pruni.

Wie der vorige, dabei aber glänzend und Zwischenräume der Flügeldecken mit einer Reihe zarter Punkte, die Decken selbst hinten schmäler und etwas zugespitzt. In Pflaumen-, Zwetschgen- und Apfelbäumen.

(197.) **5. Der runzlige Splintkäfer oder Stutzborkenkäfer,** Ecc. rugulōsus.

Glanzlos, Flügeldecken runzlig, punktiert-gestreift, Zwischenräume mit einer Reihe grober Punkte und sehr schmal; etwas kleiner. Die beiden letztern Arten bohren sich im Frühling durch die Rinde kränkelnder Obstbäume und legen zwischen dieser und dem Splint, ausnahmsweise in dieser Gattung, meist Lotgänge an, und zwar zunächst einen sogen. Muttergang, zu dessen beiden Seiten sie die Eier ablegen. Die herauskommenden fußlosen Larven bohren alsdann strahlenförmig vom Muttergang aus Larvengänge. Gegenmittel wie beim ungleichen Borkenkäfer.

---

V. Gattung. **Kernkäfer,** Platÿpus Herbst.

Körper sehr schlank und walzig, Kopf breiter als der Halsschild und nicht zurückziehbar.

(198.) **Der Eichenkernkäfer, walzenförmige Kernkäfer,** Platўpus cylindrĭcus. (Abb. 127.)

Vollkommen walzenförmig, gewöhnlich einfarbig dunkelbraun, Flügeldecken beim Weibchen manchmal mit einem braunroten Flecke; 5½ mm groß. Lebt in stehenden Eichen und Eichenstuken, zahmen Kastanien und Buchen und bohrt bis 10 cm tiefe Gänge ins Holz.

---

## IV. Familie. **Bockkäfer, Geiger.**

Die Fühler sind meist so lang oder länger als der Leib und gebogen, etwa wie die Hörner eines Bocks, daher hat man sie Bockkäfer oder Böcke genannt; Körper gestreckt, groß, unten stärker gewölbt als oben. Diese großen und manchmal riesenhaften Käfer leben auf Holzpflanzen und Kräutern, die meist ganz fußlosen Larven vorzüglich im Holze, machen aber keine Muttergänge, sondern bloß Larvengänge. Die Käfer geben größtenteils bei der Berührung einen einförmigen, zirpenden Ton von sich, welcher durch Reibung der Vorder- an der Mittelbrust hervorgebracht wird, sie „geigen" und werden daher auch Geiger genannt.

---

### I. Gattung. **Schmalbock, Afterbockkäfer,** Leptūra L.

Kopf hinter den Augen plötzlich verschmälert und Leib nach hinten stark verschmälert.

(199.) **1. Der kahle Schmalbock,** Leptūra livĭda.

Aschfahl, d. i. schwarz mit grauen Haaren, Flügeldecken gelblichrot, Vorderschienen rostbraun; 4 mm lang. Der Käfer lebt auf Speierstauden.

(200.) **2. Der rote Schmalbock,** L. rubro-testacĕa. (Abb. 128.)

Beinah dreimal so groß, Farbe ebenso, aber

Flügeldecken nebst Halsschild beim Weibchen rot. Auf Doldengewächsen und Baumblüten.

---

II. Gattung. **Blütenbock,** Grammoptĕra Lepet. et Serv.

Fühler länger als der halbe Körper, Halsschild vorn zugerundet, Decken gegen die Spitze abgestumpft.

(201.) 1. **Der rothörnige Blütenbock,** Grammoptĕra ruficornis.

In Größe und Farbe der ersten Art Schmalbock gleich, aber Fühler und Beine schwarz und rotgelb gezeichnet. An Ulmen.

---

III. Gattung. **Zangenbock, Dornschröter, Schrotkäfer,** Rhagĭum F. s. Stenocŏrus Geoff.

Mit gefürchteten Zangen, womit sie stark in die Finger beißen, Kopf mit einem Dorn an den Seiten.

(202.) 1. **Der bissige Zangenbock,** Rhagĭum mordax. (Abb. 129.)

Schwarz, rostgelb behaart und zwar auf der Oberseite weniger, mit zwei solchen Binden auf den Flügeldecken; bis zu 2 ½ cm groß. Auf Eschen, gefällten Holzstämmen usw.

(203.) 2. **Der Spion,** Rh. inquisītor. (Abb. 130.)

Sehr ähnlich, aber etwas kleiner, mit näher beisammen liegenden Binden und einem deutlichern schwarzen Fleck auf den Flügeldecken. Auf Buchen, Eschen u. a. Laubhölzern. Er und der nachfolgende halten beim Laufen oft an und drehen den Kopf hin und her, als ob sie ausspionieren wollten, was um sie vorgeht. Die Käfer bohren Löcher in einen Baum und legen ihre Eier hinein. Die herausschlüpfenden Larven „schroten“ nun vorzüglich am Stamm nahe der Wurzel nach allen Richtungen und machen weite Gänge in die Rinde rings um den Baum.

(204.) **3. Der Stoßschröter,** Rhagium indagātor. (Abb. 131.)

Behaarung graulich weiß, Flügeldecken rötlich gelbbraun mit 2—3 undeutlichen schwarzen Querbinden; noch kleiner. Er geht stoßweise mit abgemessenen Schritten, sonst wie der vorige. Er findet sich in Kiefern und Fichtenstuken, denen er schadet.

---

IV. Gattung. **Zimmerbock, Zimmerschröter, Weberbock,** Lamĭa F.

Körper gedrungen, Fühler oft sehr lang, Halsschild mit abgerundeten, gewöhnlich bedornten Seiten. Die vier folgenden Arten führen Benennungen von Handwerkern, wiewohl sie, mit Ausnahme der zweiten, schwer zu erklären sind.

(205.) **1. Der Weber, Weberbock,** chagrinierte Schröter, Lamĭa textor. (Abb. 132.)

Matt schwarzbraun bis schwarz, Halsschild runzelig wie chagriniert; Fühler nicht ganz so lang wie der Körper; gegen 2 ½ cm groß. Lebt in Espen und Weiden, kaum schädlich.

V. Gattung. **Zimmermann,** Astynŏmus Dej. s. Acanthocĭnus Steph.

Fühler beim Weibchen bis 2 mal, beim Männchen bis 5 mal so lang als der Körper, Halsschild mit 4 gelblichen Haarflecken.

(206.) **1. Der Zimmermann, Zimmerbock** **rc.,** Astynŏmus aedīlis. (Abb. 133.)

Bräunlich mit aschgrauen Härchen; gegen 2 cm lang, hat unter allen die längsten Fühler. Auf Zimmerplätzen, wo er zuweilen dem Bauholze schadet, in Fichten und Kiefern im Walde, kommt auch in die Häuser.

---

VI. Gattung. **Schuster- und Schneiderbock,** Monohammus Latr.

Fühler beim Weibchen so lang oder etwas länger

als der Körper; Halsschild breiter als lang, an den Seiten mit einem spitzigen Höcker.

(207.) **1. Der Schuster, Schusterbock,** Monohammus sutor. (Abb. 134.)

Metallglänzend, schwarzbraun bis schwarz, Halsschild an den Seiten meist mit gelbbehaarten Höckerchen, Schildchen ebenso dicht behaart, mit einer nackten Linie nach der Länge, auch die Flügeldecken so behaart, wodurch auf ihnen hie und da Binden entstehen; etwas kleiner. Auf gefälltem, absterbenden Nadelholz. Der Name kann von der dunkeln Farbe gedeutet werden.

(208.) **2. Der Schneider, Schneiderbock,** M. sartor. (Abb. 135.)

Dem vorigen ähnlich, jedoch größer, Höckerchen unbehaart, Schildchen ohne Längslinie und Flügeldecken ohne Binden. Aufenthalt wie vorhin.

---

VII. Gattung. **Walzenschröter, Schneckenkäfer,** Saperda F.

Halsschild walzenförmig, Körper ebenfalls mehr oder weniger; Fühler nie über körperlang.

(209.) **1. Der Hundbock, große Pappelbock, Pappelschneckenkäfer, getüpfelter Walzenschröter,** S. carcharĭas. (Abb. 136.)

Gelblichgrau, voll schwarzer glänzender Tüpfel, und Fühler schwarz geringelt; über 2 cm. In lebenden Pappeln und Weiden, besonders jungen, schädlich, weil die Larven das Holz bis auf den Kern durchbohren. Die Käfer geigen sehr stark.

(210.) **2. Der Espenbock, Aspenbock, Aspenschneckenkäfer,** Saperda populnĕa. (Abb. 137.)

Schwarz, gelblich grau behaart, ein Längsstreif

auf jeder Seite des Halsschilds und 4 Flecken auf jeder Flügeldecke heller, gelb behaart; nur halb so groß. Die Larven schaden, weil sie in drei- bis vierjährigen Espenstämmchen knotige Anschwellungen erzeugen.

---

### VIII. Gattung. **Rutenbock,** Oberĕa Muls.

Fühler höchstens körperlang, meist viel kürzer, Halsschild ohne Höcker.

#### (211.) **1. Der Haselbock, Haselnußschröter, linienbreite Walzenschröter,** Oberĕa lineāris. (Abb. 138.)

Schwarz mit gelben Tastern und Beinen, ungefähr ebenso lang und über 2 mm breit. Der Käfer legt seine Eier an die Knospen der jungen Haselnußruten, die Larve beißt sich dann durch die Knospe in die Mitte des Zweigs und bohrt sich darin immer weiter nach unten, wodurch die Spitze verdorrt. Man muß die Larve mit den absterbenden Trieben vernichten.

### IX. Gattung. **Halbkäfer,** Molorchus F.

Sie haben so kurze Flügeldecken, daß dieselben kaum den halben Leib bedecken, ebensowenig die nicht zurückgeschlagenen Hinterflügel; sie sehen daher Schlupfwespen ähnlich, und hierauf bezieht sich auch der Name Halbkäfer.

#### (212.) **1. Der kleine Halbkäfer,** M. minor s. dimidiātus. (Abb. 139.)

Schwarz, behaart, Fühler, Beine und Flügeldecken braun, letztere vor der Spitze mit einer schrägen weißen Linie; 5 mm und darüber. Der Käfer findet sich auf den Blüten von Speierstauden, die Larve in Fichten, kaum schädlich.

X. Gattung. **Sägenbock, Sägenschröter, Forstkäfer,** Priŏnus F.

Fühler oft gesägt und kürzer als der plumpe Leib; Halsschild mit mehreren Seitendornen.

(213.) **1. Der Gerber, ledrige Sägenbock,** Pr. coriarĭus. (Abb. 140.)

Schwarzbraun, Flügeldecken punktiert und lederartig gerunzelt; Halsschild viel schmäler als die Flügeldecken, und mit 3 Seitendornen jederseits; gegen 3 ½ cm groß. Schadet an Eichen und pfuscht so den Gerbern ins Handwerk, auch an Buchen und Birken.

(214.) **2. Der Zimmermann, Zimmersägenbock,** Pr. s. Ergates faber. (Abb. 141.)

Rötlichbraun bis dunkelbraun, Halsschild am Rande beim Männchen fein gekerbt, beim Weibchen gezähnt; Männchen über 3 cm, Weibchen noch um ⅓ größer. Haust in weichem Holze, namentlich Fichten, wie der andere Zimmermann (Lamia aedilis), und wird noch schädlicher.

---

XI. Gattung. **Echter Bock, Holzbock,** Cerambyx L.

Fühler länger als der Leib, Halsschild höckerig, beiderseits mit einem Dorn besetzt; Körper langgestreckt.

(215.) **1. Der deutsche Held, Heldbock, Spießbock, Eichenbock, Gerberbock, eigentliche Holzbock,** Cerambyx heros. (Abb. 142.)

Trägt die ersten Namen von seiner riesenhaften Größe, welche 4 ½ cm erreicht; schwarzbraun, Halsschild spießig, d. i. mit 2 kurzen Dornen; Fühler beim Männchen von doppelter Körperlänge. Er legt seine Eier nur an lebende Eichen, welche von den Larven in allen Richtungen zerfressen werden.

(216.) **2. Der Runzelbock, runzelige Holzbock,** Cerambyx cerdo. (Abb. 143.)

Aehnlich, aber ganz schwarz, Flügeldecken runzelig;

ansehnlich kleiner. Schädlich in Eichen, aber auch Kirsch- und Apfelbäumen; der Käfer fliegt auf blühende Sträucher, wie Weißdorne u. a.

---

XII. Gattung. **Moschusbock,** Aromia Lep. et Serv.

Fühler beim Weibchen wenig, beim Männchen viel länger als der Körper; Halsschild seitlich mit spitzigem Höcker.

(217.) **1. Der Moschusbock, Bisambock, Bisamschröter, Moschus-Weidenbock, Rosenholzbock,** fälschl. **spanische Fliege,** Aromĭa moschāta. (Abb. 144.)

Glänzend metallisch grün, Beine und Fühler stahlblau, letztere länger als der schlanke Leib; so groß wie der vorige, doch gibt es auch solche, die nicht viel mehr als die halbe Größe haben. Schädlich an Weiden, doch sucht er nur die anbrüchigen auf. Riecht nach Moschus.

---

XIII. Gattung. **Schönschröter, Listkäfer, Scheibenbock,** Callidĭum F.

Durch schöne Färbung ausgezeichnet, Halsschild gewöhnlich ohne Dorn, kreisrund, flach.

(218.) **1. Der veilchenblaue Schönschröter oder Scheibenbock, blaue Listkäfer,** C. violacēum. (Abb. 145.)

Veilchenblau, ins Grünliche 1½ cm groß. Die Larve lebt in Kiefern und Erlen, auch in alten Balken, weshalb der Käfer auch in die Häuser kommt; kaum schädlich.

(219.) **2. Der veränderliche Schönschröter,** Callidium variabĭle.

Körper rötlich mit violetten Flügeldecken, oder fast ganz blauschwarz, oder ganz rotbraun; von der

Größe des vorigen, doch manchmal auch nur halb so groß, also in beiden Stücken veränderlich. In Holzlagern unter Buchen-, Eichen- und Kastanienrinde.

---

XIV. Gattung. **Fichtenbock,** Criomorphus Muls. s. Petropĭum Kirby.

Fühler so lang als der halbe Leib; Halsschild breiter als lang, fast scheibenförmig.

(220.) **1. Der gemeine Fichtenbock,** Criomorphus lurĭdus. (Abb. 146.)

Kastanienbraun, schwarzbraun oder schwarz; etwa ebenso groß. Der schädlichste, an Stämmen und Wurzeln von Fichten u. a. Nadelhölzern.

---

XV. Gattung. **Widderkäfer, Zierbock,** Clytus F.

Halsschild ohne Dornen, fast kugelig; Fühler kürzer als der Leib. Der erste Namen bezieht sich auf die wie Widderhörner gebogenen Binden auf den Flügeldecken zunächst von der ersten Art.

(221.) **1. Der gemeine oder gelbhalsige Widderkäfer,** Cl. ariĕtis.

Schwarz, Halsschild vorn und hinten gelb und die Flügeldecken mit den 4 gebogenen, gelben Querbinden; Fühler und Beine rot; 9—14 mm groß. Den Käfer findet man auf blühenden Sträuchern und Doldengewächsen, die Larve lebt in gesunden Buchen, wo sie Lotgänge anlegt.

(222.) **2. Der gebänderte oder bogige Widderkäfer,** Clytus arcuātus. (Abb. 147.)

Aehnlich, etwas kleiner und auf den Flügeldecken noch 3 gelbe Tüpfel. In Pappeln und Weiden.

# Blattfresser. Viergliedrige.

Phyllophăgai Tetramĕra.

## I. Familie. **Blattkäfer.**

Leib kurz, gedrungen, meist halbkugelig; von geringer Größe und hellen, oft glänzend schönen Farben. Viele ziehen, wenn man sie berührt, die Beine an und stellen sich tot. Die Käfer, wie die langbeinigen Larven, fressen Blätter, mehr von Kräutern als von Bäumen, und werden mitunter in der Landwirtschaft sehr schädlich. Von Holzgewächsen werden sie bei ihrer angegebenen Gewohnheit am leichtesten in Regenschirme abgeklopft, und zwar, ehe sie ihre Eier gelegt haben, im Mai und Juni, auf niedrigen Pflanzen sucht man sie durch Besprengen der Beete mit Tabaksaufguß oder Wermutabsud zu vertilgen.

---

### I. Gattung. **Rohrkäfer, Wasserpflanzenkäfer,** Donacĭa F.

Im Aussehen den Böcken nahestehend, mit schönen metallischen Farben, mit mehr oder weniger verdickten Hinterschenkeln. Die Arten leben auf Wasserpflanzen und als Larven im Innern von deren Wurzeln.

(223.) **1. Der Wasserlinsen(blatt)käfer,** Donacĭa lemnae s. limbāta. (Abb. 148.)

Oben metallisch braungrün, unten seidenartig grau behaart; über 1 cm groß. Er lebt auf Rohrkolben 2c., aber auch Dotterblumen und Riedgrasarten.

---

### II. Gattung. **Goldhahnkäfer, eigentlicher Blattkäfer,** Chrysomēla L.

Kopf gesenkt und etwas vorstehend; Farben glänzend.

(224.) **1. Der polierte Blattkäfer,** Chr. polīta.

Unten grün, Flügeldecken bräunlichrot; 7 mm groß. Wie poliert glänzend.

(225.) **2. Der Hotentott,** fälschl. **der rotflügelige Blattkäfer,** Chr. haemoptĕra s. hotentotta. (Abb. 150.)

Schwarzblau, Halsschild noch einmal so breit als lang; wieder etwas kleiner. Man findet ihn unter Steinen im Frühjahr. Gibt verwundet einen roten Saft von sich, wie der folgende.

(226.) **3. Der blutrotgesäumte Blattkäfer,** Chrysomēla sanguinolenta. (Abb. 151.)

Schwarz oder schwarzblau, Flügeldecken rotgesäumt und rauh; 9—11 mm groß. Er findet sich an Weiden und Waldbäumen und auf Feldern.

(227.) **4. Der violettschwarze oder Göttinger Blattkäfer,** Chr. goettingensis. (Abb. 152.)

Glänzend violettschwarz, Fühlerwurzel und Füße rotgelb; etwas kleiner. Man findet ihn unter Steinen und auf Wiesen.

(228.) **5. Das Grashähnchen, der Grasblattkäfer,** Chr. gramĭnis.

Gehört zu den größten, golden bläulich grün, Käfer, Larve und Puppe findet man auf Minze u. a. Lippenblumen.

(229.) **6. Das Getreidehähnchen, Getreideschäfchen, der Getreideblattkäfer,** Chr. cereālis. (Abb. 153.)

Einer der schönsten, gold- und purpurglänzend, Halsschild und Flügeldecken mit 3 blauen Binden, die auf dem Halsschilde grün eingefaßt, Naht der Flügeldecken auch blau; etwas kleiner. Auf Gräsern und Verwachsenbeuteligen.

(230.) **7. Das Weidenhähnchen, der Dotterweidenblattkäfer,** Chrysomēla s. Phratŏra vitellĭnae. (Abb. 154.)

Kupfergrün, der Schwanz, d. h. der After an den Seiten rot, manchmal mit blauen Flügeldecken;

nur 4 ½ mm groß. In größter Menge und schädlich auf Weiden und Pappeln.

(231.) **8. Der (sogen.) Meerrettichblattkäfer,** Chr. s. Plagiodĕra armoracĭae. (Abb. 155.)

Oben grünblau, blau oder violett, unten dunkler bis schwarz; ebenso groß. Ebenfalls auf Weiden, Pappeln und Birken, unter deren Rinde er überwintert.

(232.) **9. Der rotfüßige Blattkäfer,** Chr. s. Gonioctēna rufīpes s. decempunctāta.

Schwarz, Beine, Flügeldecken, Mund und Halsschild rot, Flügeldecken aber schwarz gefleckt; etwas größer. Er schadet auf Obstbäumen und Pappeln.

(233.) **10. Der Korbweidenblattkäfer,** Chr. s. Gonioctēna viminālis.

Ebenso, aber Beine und Mund schwarz; die schwarzen Flecken wechseln in der Zahl von 2—10, und demgemäß auch in der Größe. An Weiden schädlich.

---

III. Gattung. **Baumblattkäfer,** Lina Meg. s. Melasōma Steph.

Halsschild um die Mitte am breitesten, mit scharfen Hinterecken; Körper verkehrt eiförmig.

(234.) **1. Das Kupferhähnchen, der erzfarbige Baumblattkäfer,** Lina aënĕa. (Abb. 149.)

Metallisch glänzend grün, manchmal auch blau, Unterseite schwarz, an 8 mm groß. Die graulichschwarzen Larven mit einem gelblichen Seitenstreifen durchlöchern oft ganz die Blätter der Erlen, auf welchen man auch die Käfer manchmal zu tausenden findet.

(235.) **2. Das Pappelhähnchen, der Pappelblattkäfer,** Lina popŭli. (Abb. 157.)

Dunkelblau oder goldgrün, mit rötlichen Flügeldecken, aber schwarzer Spitze daran. Eine der größten und schädlichsten Arten, da die Larve die Blätter der Pappeln und Espen förmlich skeletisiert.

(236.) **3. Der Espenblattkäfer,** Lina tremŭlae. (Abb. 158.)

Ebenso, aber Flügeldecken ganz rot; etwas kleiner. In derselben Weise schädlich.

---

IV. Gattung. **Kugelblattkäfer,** Phaedon Latr.

(237.) **1. Der (sogen.) Löffelkrautblattkäfer,** Phaedon cochleariae. (Abb. 156.)

Oben blau, unten dunkler oder schwarzgrün, After gelbrot, seltner gleichfarbig; nur halb so groß. Auf Weiden und Birken.

---

V. Gattung. **Zirpkäfer, Lilienkäfer, Schirmkäfer, Geigenmännchen, Blatthähnchen,** Lema F. s. Criocĕris Geoff.

Bringen durch Reiben der Flügeldecken einen zirpenden Ton hervor, ähnlich wie die Böcke, und werden daher auch Geigenmännchen genannt. Kleinere Käfer. Halsschild so breit als der Kopf und herzförmig, Augen stark hervortretend.

(238.) **1. Das Lilienhähnchen, der Lilienkäfer,** L. merdigĕra. (Abb. 159.)

Schwarz, Flügeldecken und Halsschild rot; 7 mm groß. Es lebt auf den Lilienarten, deren Blätter zuerst der Käfer, dann die sich mit ihrem Kot überdeckende Larve (merdigĕra) zerfrißt.

(239.) **2. Das Spargelhähnchen,** Lema asparăgi. (Abb. 160.)

Blauschwarz, Halsschild rot, Flügeldecken blaugrün, am Rand rot, jede mit 3 gelben Flecken; ungefähr ebenso groß.

(240.) **3. Der zwölfpunktige Zirpkäfer,** L. duodĕcimpunctāta. (Abb. 161.)

Gelblichrot, Flügeldecken mit je 6, also zusammen 12 schwarzen Punkten; etwas kleiner. Die Käfer von beiden Arten benagen die jungen Schößlinge der Spargeln und legen ihre Eier darauf, aus diesen schlüpfen dann die olivengrünen, fast kugligen Larven, welche später die Blätter abfressen. Gegenmittel: Abklopfen der Käfer und Larven in einen Schirm.

(241.) 4. **Das Gerstenhähnchen**, Lina melanōpa. (Abb. 162.)

Glänzend grünlichblau, Halsschild und Beine gelblichrot, aber Füße schwarz; noch kleiner. Die Larven schaben Streifen von den Blättern der Gerste u. a. Getreidearten ab, ohne wesentlichen Schaden zu tun.

---

VI. Gattung. **Igelkäfer, Stachelkäfer,** Hispa L.

Körper mit Stacheln besetzt. Man trifft sie auf sandigen Grasplätzen, ihre Larven leben minierend in Blättern.

(242.) 1. **Der schwarze Igelkäfer 2c.,** Hispa atra. (Abb. 163.)

Einfarbig schwarz; 4½ mm groß.

---

VII. Gattung. **Kegelhähnchen, Fadenkäfer, Fugenkäfer,** Ctenidpus Sol. Cistēla F.

Oval kegelförmig, Fühler fadenförmig, Kopf rüsselartig verlängert.

(243.) 1. **Das rostrotfüßige Kegelhähnchen 2c.,** Ct. fulvīpes.

Metallisch schwarz, Beine rostrot; an 9 mm lang. Ein flinker, stets zum Fluge bereiter Käfer auf Blättern und Blumen.

---

VIII. Gattung. **Schildkäfer,** Cassīda L.

Halsschild und Rand der Flügeldecken schildförmig erweitert, Kopf unter den so gestalteten Halsschild zurückziehbar. Die Larven bedecken sich mit ihrem Kote, wie die des Lilienhähnchens.

(244.) 1. **Der neblige Schildkäfer,** C. nebulōsa.

Trüb, gleichsam nebelig braungelb, etwas kupferglänzend, Flügeldecken unregelmäßig schwarzfleckig; 4½ mm groß. Der Käfer, sowie die schön grüne, weiß gezeichnete, mit gelben Seitendornen und Schwanzborsten versehene Larve fressen die Blätter der Gänsefuß- und Meldenarten und kommen ausnahmsweise von diesen auf die Runkelrüben, deren Blätter sie dann skeletisieren. Man empfiehlt fleißiges Ausjäten der genannten Unkräuter als deren Stammsitzes.

---

IX. Gattung. **Furchtkäfer, Forchtkäfer,** Adimonĭa Laich. s. Gallerūca F.

Die Larven sind so furchtsam, daß sie sich gleich zusammengerollt auf den Boden fallen lassen, sobald man die Pflanze berührt, auf der sie sitzen.

(245.) 1. **Der Rainfarrenfurchtkäfer,** Ad. tanacēti. (Abb. 164.)

Oben matt, schwarz und grob punktiert; unten glänzend schwarz; 9 mm groß. Auf Rainfarren, Gras &c.

(246.) 2. **Der Sahlweidenfurchtkäfer,** Ad. caprĕae. (Abb. 165.)

Oben gelbbraun, unten schwarz; fast nur halb so groß. Er legt im Herbste seine Eier in die Triebe der Weiden, Birken u. a. Laubhölzer, von deren Blättern sich die schädliche Larve ernährt.

---

X. Gattung. **Glanzblattkäfer,** Agelastĭca Redt.

Halsschild mit leicht ausgebuchtetem Vorderrand, und gerundetem Hinterrand.

(247.) 1. **Der Erlenblattkäfer,** Agelastĭca alni. (Abb. 166.)

Oben dunkel stahlblau, unten schwarz, etwas größer als der vorige. Käfer und Larven schaden an Erlen, deren Blätter die letzteren skeletisieren.

---

XI. Gattung. **Sägekäfer,** Clythra Laich.

Fühler gesägt, etwas kürzer wie vorhin.

(248.) **1. Der vierpunktige Sägekäfer, das gesägte Weidenhähnchen,** Cl. quadripunctāta.

Flügeldecken gelblich rot mit je 2, im ganzen 4 schwarzen Punkten, übrigens glänzend schwarz, von 7 bis 11 mm. Findet sich schädlich auf Weiden, Erlen, Birken und an Gras. Die Larve steckt in einer schwarzen, rauhen Hülse, welche sie aus ihren Auswürfen anfertigt, und worin sie sich auch verpuppt.

---

XII. Gattung. **Flohkäfer, Erdfloh, Blattflohkäfer,** Haltĭca Ill.

Hinterschenkel sehr groß und dick, zum Springen eingerichtet, worin sie so fertig sind wie die Flöhe.

Die als Nr. 249 bis 252 aufgezählten sind die schädlichsten der zwei Gattungen. Sie erscheinen vom ersten Frühling an oft zu tausenden, fressen junge Sämlinge ganz ab und größere Blätter bis auf das Gerippe, sie schaden dadurch außerordentlich und es ist schwer, ihnen beizukommen. Man empfiehlt Begießen der Pflanzen mit Wermutabsud oder Tabaksaufguß, Bestreuen mit Kalk, Schwefel und Straßenstaub, namentlich morgens im Tau.

(249.) **1. Der Kohlerdfloh, gemeine Erdfloh,** H. oleracēa. (Abb. 167.)

Stahlblau bis metallisch grün, 4 mm und darüber. Auf Kohl u. a. Schotengewächsen, die Eier werden aber auf Birken, Eichen u. a. gelegt.

(250.) **2. Der gestreifte oder Hainerdfloh,** Haltĭca nemŏrum. (Abb. 168.)

Schwarz mit einem gelbweißen Längsstreif auf jeder Flügeldecke; nur halb so groß. Aufenthalt wie vorhin. Die Larve lebt minierend hauptsächlich in den Blättern der Stoppelrübe, an welche auch die grünen Eier in Häufchen gelegt werden.

(251.) **3. Der Kressenerdfloh,** H. lepidii.

Kupfergrün, blau oder schwarz, flach, Flügeldecken hinten abgestutzt; ebenso groß.

---

XIII. Gattung. **Langbauchblattkäfer,** Psylliōdes Chevr.

Halsschild breiter als lang, Decken punktiert gestreift.

(252.) **1. Der Repserdfloh, Rapserdfloh,** Psylliōdes chrysocephăla.

Unterscheidet sich von dem Kohlerdfloh durch sein goldfarbiges, eigentlich gelbbraunes Maul und eben solche Beine, aber mit schwarzblauen Hinterschenkeln. Die Larven fressen sich in den Blattstielen und Stengeln des Repses abwärts und bohren sich zuletzt durch Löcher heraus, um sich im Boden zu verpuppen.

---

XIV. Gattung. **Fallkäfer, Verborgenkopf,** Cryptocephălus Geoff.

Der gesenkte Kopf vollkommen zurückziehbar; Fühler fadenförmig und länger als der Halsschild. Lassen sich bei Berührung der Pflanze fallen, wie

(253.) **1. Der seidenglänzende Fallkäfer,** Cr. sericēus. (Abb. 169.)

Seidenartig goldgrün, bläulich grün, oder auch kupferrot, überall punktiert; 7 mm groß. Er findet sich auf Blumen verschiedener Art, am liebsten gelben Verwachsenbeutligen.

(254.) **2. Der Kiefernfallkäfer,** Cr. s. Disōpus pini. (Abb. 170.)

Oben bräunlichrot, Flügeldecken mehr gelblich, unten bräunlichrot; etwa 4 mm groß. Er benagt im Herbste die Nadeln junger Kiefern.

# Alphabetisches Namensverzeichnis
## mit Seitenangabe.

### A.



### B.

## D.



## E.



## F.



## G.

## L.



## M.



## N.

## O.



## P.



## R.



## S.

## T.



## U.

## V.



## W.



## Z.

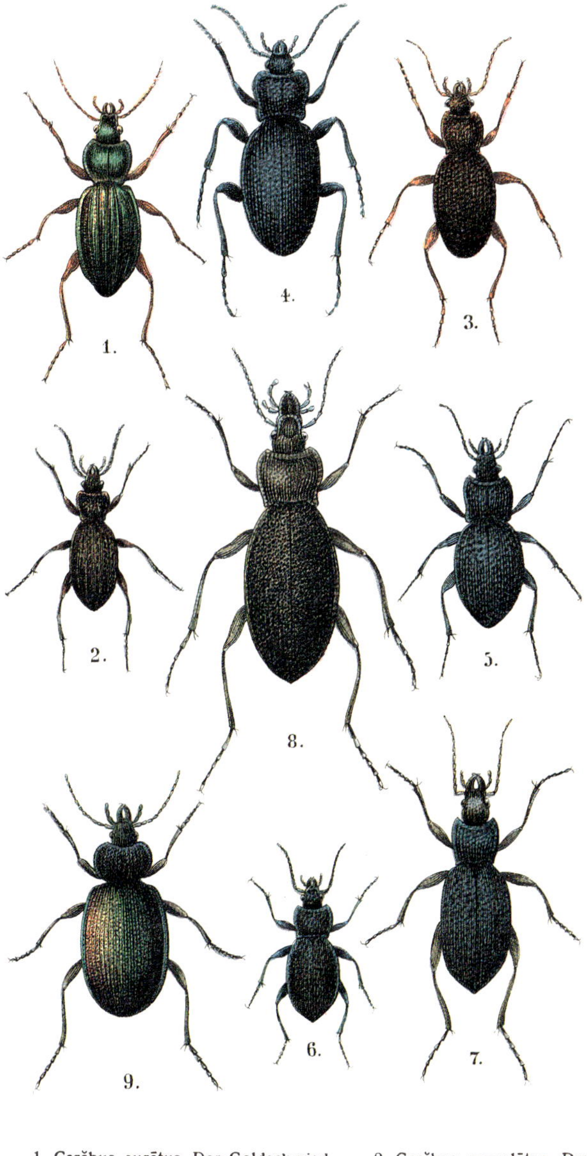

1. Carăbus aurātus, Der Goldschmied. — 2. Carăbus granulātus, Der gekörnte Laufkäfer. — 3. Carăbus cancellātus, Der gegitterte Laufkäfer, grosse Körnerwarze. — 4. Carăbus glabrātus, Der glatte Laufkäfer. — 5. Carăbus nemorālis, Der Hainlaufkäfer. — 6. Carăbus convexus, Der gewölbte Laufkäfer. — 7. Carăbus catenulātus, Der kettenstreifige Laufkäfer. — 8. Procrustes coriacĕus, Der lederartige Laufkäfer. — 9. Calosōma sycophanta, Der Puppenräuber.

II.

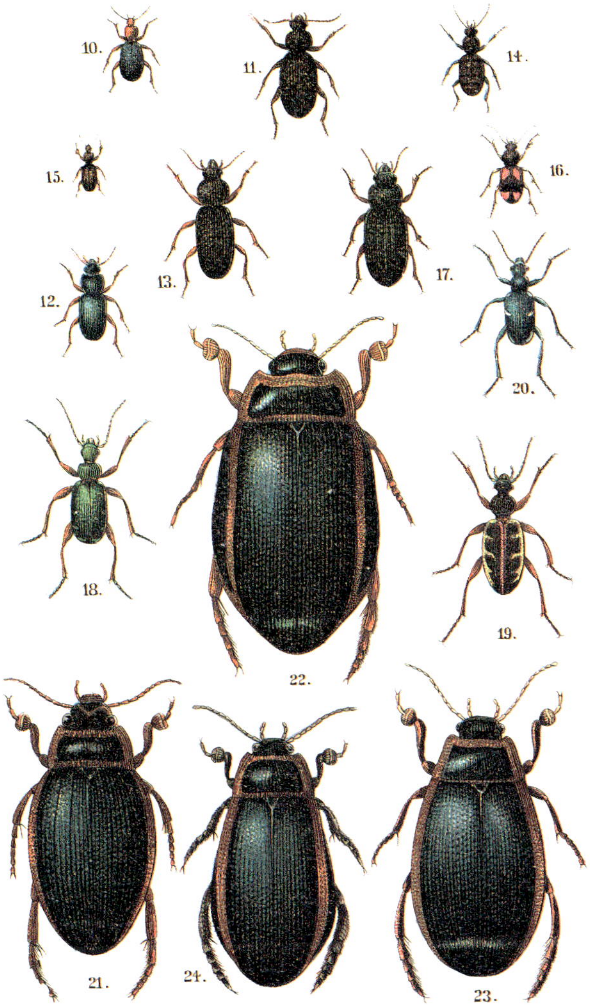


10. Brachīnus crepĭtans, Der puffende oder grosse Bombardierkäfer. — 11. Nebrĭa brevicollis, Der kurzhalsige Dammkäfer. — 12. Harpălus aēnĕus, Der erzfarbige oder gemeine Schnellkäfer. — 13. Harpălus ruficornis, Der rothörnige Schnellkäfer. — 14. Elăphrus cuprĕus, Der kupferige Raschkäfer. — 15. Clivīna fossor, Der grabende Fingerkäfer. — 16. Panagaeus crux major, Der grosse Kreuzkäfer. — 17. Zabrus gibbus, der bucklige Getreidelaufkäfer. — 18 Cicindēla campestris, Der Feldsandkäfer. — 19. Cicindēla hybrĭda, Der purpurrote Sandkäfer. — 20. Cicindēla germanĭca, Der deutsche Sandkäfer. — 21. Dytiscus marginālis, Der gesäumte Wasserkäfer, Gelbrand. — 22. Dytiscus latissimus, Der breiteste Wasserkäfer. — 23. Dytiscus dimidiātus, der halbierte Wasserkäfer. — 24. Cybister Roeselii, Rösels Grossschwimmkäfer.

25. Hydatĭcus transversālis, Der quergestreifte Wasserkäfer. — 26. Ilybius ater, Der schwarze Buckelschwimmkäfer. — 27. Notĕrus crassicornis, Der dickhörnige Schlammschwimmkäfer. — 28. Hydropŏrus inaequālis, Der ungleiche oder zweilinige Weichschwimmkäfer. — 29. Hyphy̆drus ovātus, Der eirunde Sumpfkäfer. — 30. Gyrīnus natātor, Der gemeine Tummelkäfer. — 31. Staphylīnus s. Creophilus maxillōsus, Der grosszangige Raubkäfer. — 32. Staphylīnus s. Leistotrŏphus nebulōsus, Der nebelgraue Raubkäfer. — 33. Ocy̆pus olens, Der grosse Schwarzkurzflügler. — 34. Oxypŏrus rufus, Der rote Pilzraubkäfer. — 35. Tachīnus rufīpes, Der rotfüssige Kotraubkäfer. — 36. Tachypŏrus chrysomelīnus, Der blattkäferartige Tachypore oder Fischchenkurzflügler. — 37. Oxytĕlus rugōsus, Der runzelige Dornraubkäfer. — 38. Platysthĕtus morsītans, Der kneifende Strassenkurzflügler. — 39. Paedĕrus riparius, Der Ufertraubenkäfer. — 40. Paedĕrus ruficollis, Der rothalsige Traubenkäfer. — 41. Omalium rivulāre, Die Bachomalie. — 42. Stenus biguttātus, Der zweitupfige Grossaugenkäfer. — 43. Clerus formicarius, Der ameisenartige Buntkäfer. — 44. Trichōdes apiarius, Der Bienenwolf. — 45. Malachius bipustulātus, Der zweiblasige Warzenkäfer. — 46. Malachius aënĕus, Der erzfarbige Warzenkäfer. — 47. Notoxus monocĕros, Der einhörnige Schildkrotkäfer. — 48. Coccinella quinquepunctāta, Der fünfpunktige Marienkäfer. — 49. Silpha obscūra, Der dunkle Aaskäfer. — 50. Silpha atrāta, Der schwarze Aaskäfer.

51. Silpha rugōsa, Der runzelige Aaskäfer. — 52. Silpha thoracīca, Der rotbrüstige Aaskäfer. — 53. Necrophŏrus vespillo, Der gemeine Totengräber. 54. Necrophŏrus humātor, Der schwarze Totengräber. — 55 Cistēla pilūla, Der gemeine Pillenkäfer. — 56. Cistēla varia s. Cytīlus varius s. sericēus, Der bunte Pillenkäfer. — 57. Anthrenus museorum, Der Kabinettkäfer. — 58. Anthrēnus scrophulariae, Der Braunwurzknollenkäfer. — 59. Dermestes lardarius, Der gemeine Speckkäfer. — 60. Attagēnus s. Megatŏma pellio, Der gemeine Pelzkäfer. — 61. Nitidūla bipustulāta, Der zweifleckige Aasglanzkäfer. — 62. Meligēthes aënēus s. brassīcae, Der Repsglanzkäfer, eigentliche Glanzkäfer, Repskäfer. — 63. Sphaerīdium scarabaeoides, Der gemeine Kugelkäfer. — 64. Geotrūpes Typhoeus, Der dreizackige Mistkäfer. — 65. Geotrūpes vernālis, Der Frühlingskäfer. — 66. Aphodīus fimetarīus, Der gemeine Dungkäfer. — 67. Aphodīus fossor, Der grabende Dungkäfer. — 68. Phyllopertha horticŏla, Der Gartenlaubkäfer. — 69. Rhizotrōgus solstitiālis, Der Junikäfer. — 70. Trichīus fasciātus, Der gebänderte Pinselkäfer. — 71. Gnorīmus nobīlis, Der Edelmann. — 72. Osmoderma eremīta, Der Eremit.

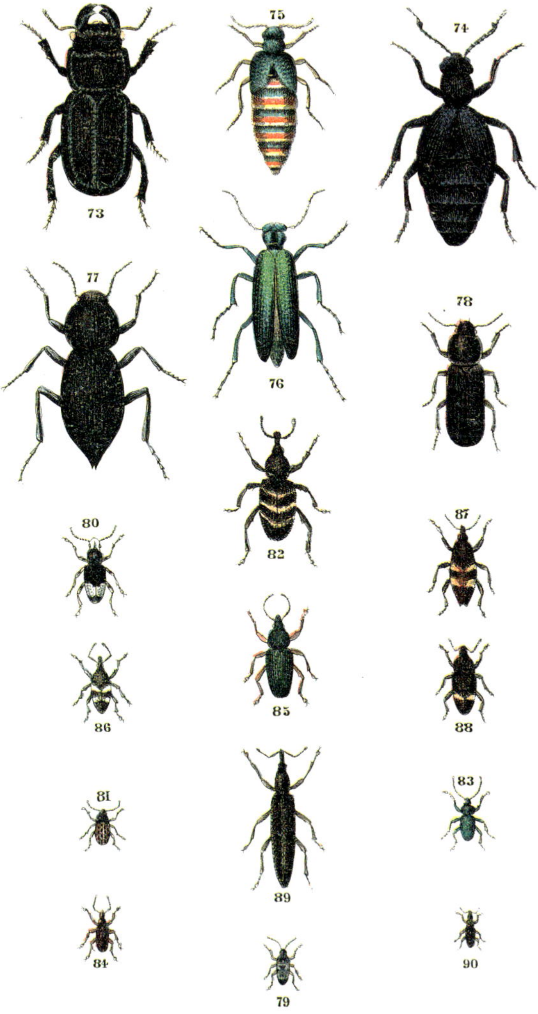


73. Dorcus parallelepipēdus, Der Damhirschkäfer. — 74. Meloë proscarabaeus, Der gemeine Maiwurm oder Oelkäfer. — 75. Meloë majalis s. variegātus, Der grüne Maiwurm. — 76. Cantharis s. Lytta vesicatorĭa, Die spanische Fliege. — 77. Blaps mortisāga, Der gemeine Totenkäfer. — 78. Tenebrĭo molĭtor, Der gemeine Mehlkäfer. — 79. Mylăbris pisi, Der Erbsenkäfer. — 80. Anthrĭbus s. Macrocephălus albĭnus, Der weissliche Blütenreiber. — 81. Brachytarsus scabrosus s. fasciātus, Der rauhe Kurzfussrüssler. 82. Hylobĭus pini s. abiĕtis, Der grosse Kiefernrüsselkäfer. — 83. Phyllobĭus argentātus, Der Silbergrünrüssler. — 84. Phyllobĭus oblongus, Der braune Grünrüssler. — 85. Phyllobĭus pyri s. urtĭcae, Der Birngrünrüssler, Nesselgrünrüssler. — 86. Pissōdes notātus, Der Weisspunktpechrüssler. — 87. Pissōdes picĕae, Der Weisstannenrüssler. — 88. Pissōdes pini, Der kleine Kiefernrüssler. — 89. Lixus paraplectĭcus, Der gemeine Stengelbohrer. — 90. Calandra granarĭa, Der braune Kornwurm, Kornbock.

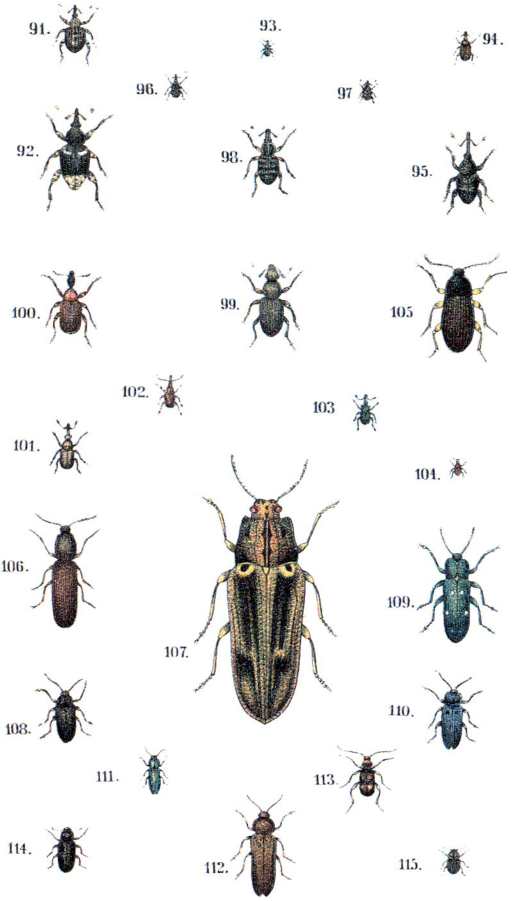


91. Ciōnus scrophularĭae, Der Braunwurzschaber. — 92. Crytorrhynchus lapăthi, Der Ampferverborgenrüssler. — 93. Orchestes fagi, Der Buchenminierkäfer. — 94. Orchestes quercus s. rufus, Der Eichenminierkäfer. — 95. Balanīnus nucum, Der Haselnussbohrer. — 96. Anthonŏmus pomōrum, Der Apfelblütennager. — 97. Anthonŏmus drupārum, Der Pfirsichblütennager. — 98. Otiorrhynchus picĭpes, Der pechbraunfüssige Lappenrüssler. — 99. Brachydĕres incānus, Der graue Kurzrüssler. — 100. Apodĕrus s. Attelăbus corўli, Der Haselblattroller. — 101. Rhynchītes cuprĕus, Der Pflaumenstecher. — 102. Rhynchītes Bacchus, Der Apfelstecher. — 103. Byctiscus popŭli, Der Espenstecher. — 104. Apion frumentarĭum, Der rote Kornwurm. — 105. Agrōtis segĕtis s. lineātus, Der gemeine Drahtwurm. — 106. Athous haemorrhoidālis, Der rotschwänzige Schnellkäfer. — 107. Chalcophŏra mariāna, Der Marienprachtkäfer. — 108. Anthaxĭa quadripunctāta, Der vierpunktige Eckschildprachtkäfer. — 109. Agrīlus biguttātus, Der zweitropfige Schmalprachtkäfer. — 110. Agrilus tenuis s. virĭdis, Der dünne oder grüne Schmalprachtkäfer. — 111. Agrīlus angustŭlus, Der kammhörnige Schmalprachtkäfer. — 112. Agrīlus sinuātus, Der bogengängige Schmalprachtkäfer. — 113. Bruchus fur, Der Kräuterdieb. — 114. Byrrhus pertĭnax, Die Totenuhr. — 115. Byrrhus panicĕus, Der Brothauskäfer.

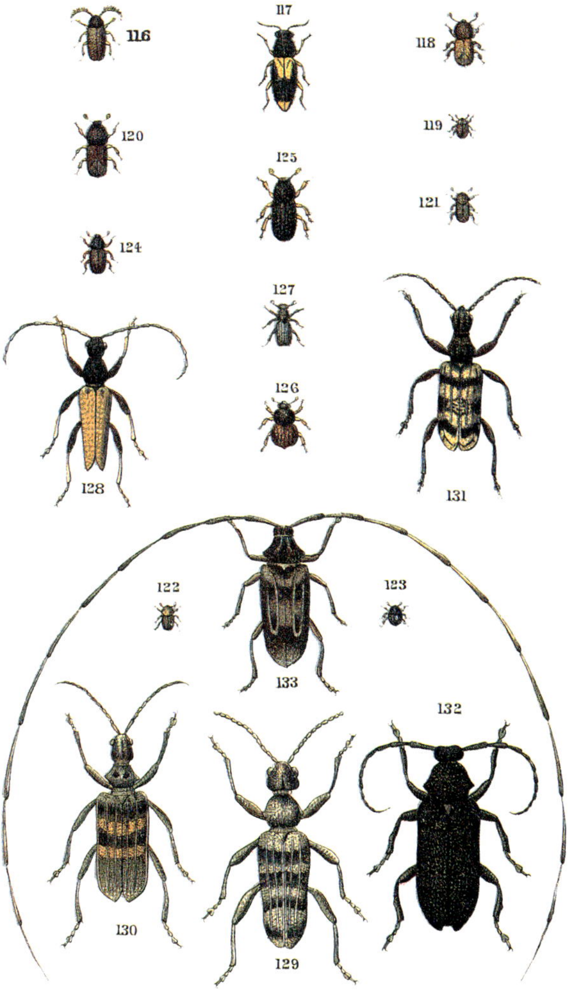


116. Ptilīnus pectinicornis, Der Kammbohrkäfer. — 117. Lymexȳlon navāle, Der Matrose, Holzbohrer. — 118. Bostrȳchus typogrăphus, Der Fichtenborkenkäfer, Buchdrucker. — 119. Bostrȳchus chalcogrăphus, Der Kupferstecher. — 120. Bostrȳchus stenogrăphus, Der grosse Kiefernborkenkäfer, Stenograph. — 121. Bostrȳchus larĭcis, Der (sogen.) Lärchenborkenkäfer. — 122. Bostrȳchus curvĭdens, Der krummzähnige Borkenkäfer. — 123. Bostrȳchus dispar, Der ungleiche Borkenkäfer. — 124. Hylesīnus piniperda, Der Waldgärtner, Kiefernzweigbastkäfer. — 125. Dendroctŏnus micans, Der schimmernde Wurzelkäfer. — 126. Eccoptogaster destructor, Der Birkensplintkäfer. — 127. Platȳpus cylindrĭcus, Der Eichenkernkäfer. — 128. Leptūra rubro-testacĕa, Der rote Schmalbock (Männchen). — 129. Rhagĭum mordax, Der bissige Zangenbock. — 130. Rhagĭum inquisītor, Der Spion. — 131. Rhagĭum indagātor, Der Stossschröter. — 132. Lamĭa textor, Der Weberbock. — 133. Astynŏmus aedīlis, Der Zimmerbock, Zimmermann.

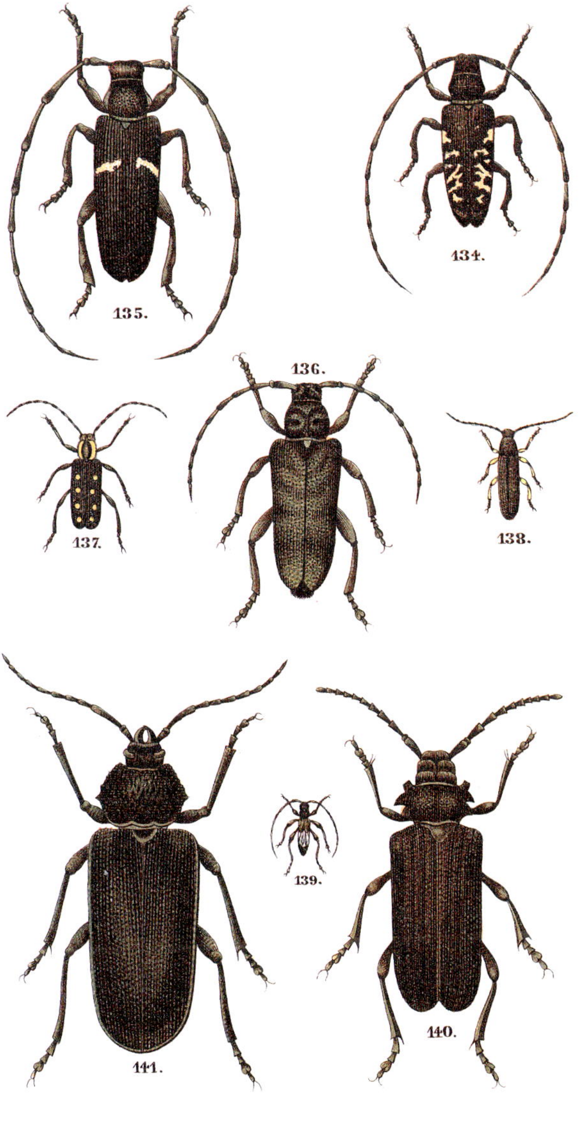


134. Monohammus sutor, Der Schuster. — 135. Monohammus sartor, Der Schneider. — 136. Saperda carcharĭas, Der Hundbock. — 137. Saperda populnĕa, Der Espenbock. — 138. Oberĕa lineāris, Der Haselnussschröter, Haselbock. — 139. Molorchus minor s. dimidiātus, Der kleine Halbkäfer. — 140. Priōnus coriarĭus, Der Gerber. — 141. Priōnus s. Ergates faber, Zimmermann.

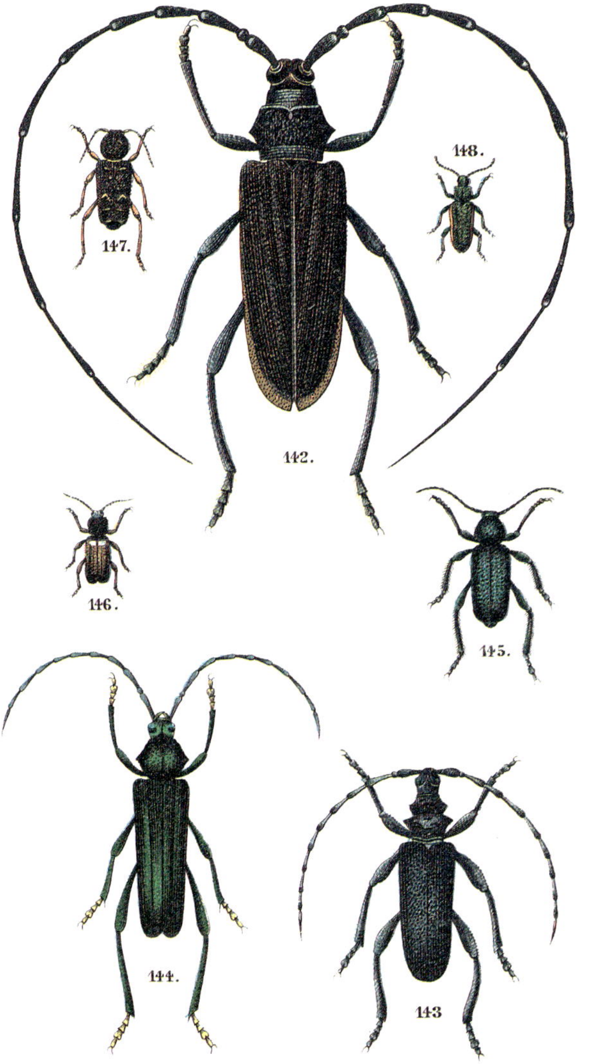


142. Hammatichĕrus heros, Der deutsche Held. — 143. Hammatichĕrus cerdo, Der Runzelbock. — 144. Aromĭa moschāta, Der Moschusbock. — 145. Callidĭum violacĕum, Der veilchenblaue Schönschröter oder Scheibenbock. — 146. Criomorphus lurĭdus, Der gemeine Fichtenbock. — 147. Clytus arcuātus, Der gebänderte Widderkäfer. — 148 Donacĭa lemnae, Der Wasserlinsenkäfer.

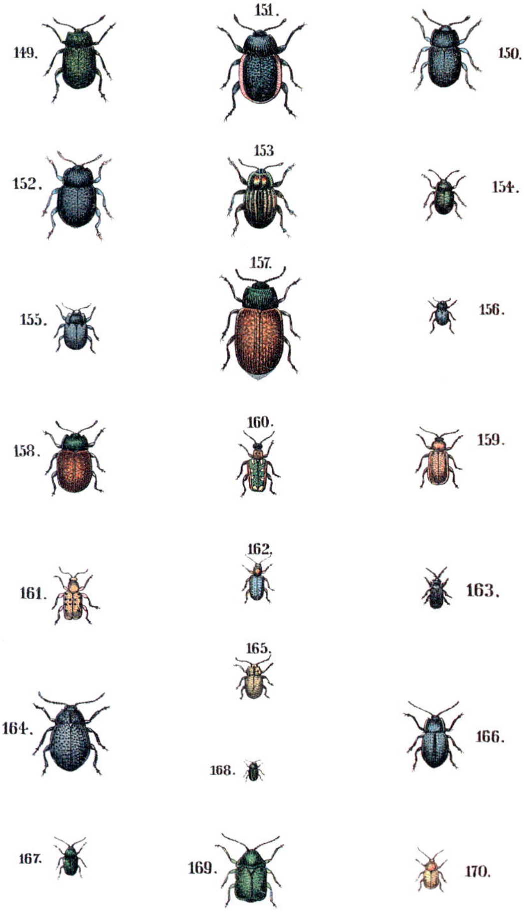


149. Lina aënĕa, Das Kupferhähnchen. — 150. Chrysomēla haemoptĕra s. hotentotta, Der Hotentott. — 151. Chrysomēla sanguinolenta, Der blutrotgesäumte Blattkäfer. — 152. Chrysomēla Goettingensis, Der violettschwarze Blattkäfer. — 153. Chrysomēla cereālis, Das Getreidehähnchen. — 154. Chrysomēla s. Phratŏra vitellinae, Das Weidenhähnchen. — 155. Chrysomēla s. Plagiodĕra armoracĭae, Der Meerrettichblattkäfer. — 156. Phaedon cochlearĭae, Der Löffelkrautblattkäfer. — 157. Lina popŭli, Das Pappelhähnchen. — 158. Lina tremŭlae, Der Espenblattkäfer. — 159. Lema merdigĕra, Das Lilienhähnchen. — 160. Lema asparăgi, Das Spargelhähnchen. — 161. Lema duodĕcimpunctāta, Der zwölfpunktige Zirpkäfer. — 162. Lema melanōpa, Das Gerstenhähnchen. — 163. Hispa atra, Der schwarze Igelkäfer. — 164. Adimonĭa tanacēti, Der Rainfarrenfurchtkäfer. — 165. Adimonĭa caprĕae, Der Sahlweidenfurchtkäfer. — 166. Agelastĭca alni, Der Erlenblattkäfer. — 167. Haltĭca oleracĕa, Der Kohlerdfloh. — 168. Haltĭca nemŏrum, Der gestreifte oder Hainerdfloh. — 169. Cryptocephălus sericĕus, Der seidenglänzende Fallkäfer. — 170. Cryptocephălus s. Disopus pini, Der Kieferntallkäfer.